Estrella 51

PUERTO RICO

Cavilaciones de una estadista...

Marilou Rivera-Ramos

We The People

Article I

Título: Cavilaciones de una Estadista
Copyright 2014 por Marilou Rivera Ramos

ISBN: ISBN-13: 978-1499749441

"Todos entendemos que tenemos que vivir dentro de un presupuesto; nuestra fe, nuestra familia y la educación son claves en nuestras vidas y queremos que nuestros negocios prosperen. Esos son los valores hispanos, los valores conservadores y valores americanos. Pero sobre todo, son los valores que re-encaminarán a América"

Luis Fortuño
Orador principal
en la "Cena Lincoln Reagan"
del Partido Republicano
de San Diego, California

Yo quiero reencaminar a América ¿Y tú?

Marilou Rivera Ramos and Estrella 51

Greetings readers,
I'd like to introduce the audience here to a vocal statehood
for Puerto Rico activist. Maria de Lourdes "Marilou"
Rivera Ramos is an artist and a blogger who regularly
posts news regarding Puerto Rico and its political status
(as well as politics in general) in her blog website, Estrella
51 (meaning Star 51), which advocates for Puerto Rico to
become the 51st state of the United States of America. She
is also a political conservative and is affiliated with both
the New Progressive Party of Puerto Rico and the United
States Republican Party. Estrella 51 is a Spanish-language
blog that focuses on political news regarding PR's status,
as well as the differences between free-market democracies
and countries with Communist/socialist governments and
how they function on the political arena. Ms. Rivera Ramos
writes her posts using humor and, at times, sarcasm, in
order to inform readers on how ridiculous and hypocritical
opponents of statehood, as well as adversaries of the United
States, the West and free-market capitalism, are and how
those anti-democratic forces behave in general. In her blog
posts, Ms. Rivera Ramos mixes in some English-language
phrases in her blog posts for humor, including her favorite
catchphrase, "Such is Life", which she states at the end of
each blog post. The link to the Estrella 51 blog website is
here: http://estrella51.blogspot.com/.

Septembre 24
borinqueneerblog.wordpress.com
A BLOG PROMOTING STATEHOOD FOR PUERTO RICO
AS WELL AS THE VIRTUES OF AMERICAN DEMOCRACY,
PATRIOTISM AND DIGNITY IN THE WORLD

Sobre mi...

Soy penepé de corazón y estadista por convicción.

Por muchos años observé como el movimiento estadista y sus líderes han sido marginados, perseguidos y ridiculizados públicamente por esa "sociedad civil", que proclama "unidad y consenso" en los medios de comunicación en general.

Ese desprecio lo viví hasta en mi propio núcleo familiar. El día que le dije a mi familia que creía en la estadidad su reacción fue "estás mal" y eso fue razón suficiente para estudiar la lucha estadista versus la información recibida durante toda mi juventud para darme cuenta que no todo lo que me contaron era cierto. Me contaron los hechos desde el cristal rojo-rojito.

En Puerto Rico, el único medio que defiende la Estadidad es WAPA Radio y programas de analistas políticos como Luis Dávila Colón me inspiraron a escribir en mi propio blog para desmentir los mitos y mentiras que se publican diariamente en todos los medios escritos, radio y televisión.

Aproveché mi experiencia como artista gráfico, que adquirí trabajando en mi propio taller haciendo propaganda para campañas políticas de líderes penepés y algunos populares, esa experiencia me permitió conocer muy de cerca a muchos políticos y sus ezfuersos por lograr el reconocimiento del pueblo. Sé que no es fácil y les tengo mucho respeto aunque muchos lamentablemente nos decepcionan luego que ganan.

Me hice vitralista, en un intento por reinventarme como profesional y artista, descubriendo que en Puerto Rico la cultura es una excusa para politiquear a favor de la independencia y no como instrumento para unirnos y fomentar una economía cultural para todos por igual. Fueron muchas las decepciones.

Siempre deseé escribir y llegar a publicar mi propio libro, para eso, debía probarme como escritora y analista de noticias, por eso

Gracias Dios, por la sabiduría,
porque se que me inspiras a escribir,
porque se que colaboras para ordenar mis
pensamientos,
porque se que me guías para entender
muchas cosas, buscar la información que
necesito, y así poder analizar, comparar y
contar las historias.
Sin tí, esto no hubiera sido posible...

También a mi esposo Julián por ser el principal
oyente, colaborador y corrector.

A mi madre que siempre confió en mí, te
extraño.

A mi hija, porque todo lo que hago es tu
herencia, me siento muy orgullosa de tí.

A todos mis lectores, gracias por el respaldo, sin
ustedes, lo que hago no tiene sentido.

comencé el blog en el 2009, escribiendo sobre la historia política mundial y mi sentir como puertorriqueña, analicé noticias y los comentarios de los opositores de la Estadidad para Puerto Rico, los tiré al medio con sus mitos y mentiras, poco a poco me fui ganando el respeto de las personas que leían mis escritos.

En el 2014, después de cinco años, publico mi primer libro, dedicado a la diáspora boricua. Esos puertorriqueños que viven en la estadidad, que se sienten puertorriqueños, que han logrado su sueño americano mientras los que vivimos acá sobrevivimos en una colonia ingrata y que muchas veces sus ciudadanos actúan como el perro del hortelano, ni comen ni dejan comer.

Por eso he llegado hasta aquí. Muchos me preguntan ¿por qué no dejas de hacer eso si lo que te buscas son "candelas" que no te dejan avanzar profesionalmente? Precisamente por eso, porque si lo hago, renuncio a mi libertad de ser estadista y que se me respete por eso. Ya me cansé de vivir esta estupidez llamada Commonwealth of Puerto Rico y que en español lo titulan con el eufemismo "Estado Libre Asociado" lleno de injusticias y arbitrariedades.

Si queremos ser verdaderamente libres tenemos que luchar por la estadidad, yo lo estoy haciendo desde mi "esquina" y en base a mis capacidades. Después de más de mil post en mi blog, después de más de 400,000 visitas al blog, después de escribir sin cesar todos los días, considero mi blog un éxito porque todo esto lo logré sin interés de protagonismo, sin dinero y con mucho amor a mi isla, a la cuál quiero ver convertida en el Estado 51 de los Estados Unidos de América.

¿Vale la pena?
Sí, la patria siempre vale la pena.
Such is Life!

Marilou Rivera Ramos
29 de mayo de 2014
Caguas, Puerto Rico

¡Gracias por el respaldo!

Marilou Rivera Ramos es una Voluntaria de extraordinaria disposición, capacidad y habilidad para defender la única verdadera democracia, la Americana. Donde el ciudadano es Soberano, sólo le responde a Dios, defiende y respeta derechos que llegan hasta donde comienzan los del vecino, con libre comercio y derecho a la propiedad privada. Para educarnos y renovar nuestras verdades es muy conveniente acostumbrarnos a leerla.
Pompi González
Fundador del Partido Nuevo Progresista

"Marilou Rivera tu eres genial. Gracias a tu blog observo mejor las cosas y discuto diferentes perspectivas con mi nucleo familiar. Y definitivamente tu verbo es unico. Disfruto a cabalidad cada vez que pones en evidencia a los socialistoides de todos los confines y señalas sin temor todos esos amantes del terrorismo. Sigue adelante amiga. Bendiciones."
Pedro Ivan Serrano Méndez
en Facebook

Overall, Estrella 51 is regarded by many as one of the main authoritative blog sources for news regarding politics in Puerto Rico, the rest of the USA and the world in general.
Borinqueneers Blog

Este libro está dedicado a
la diáspora boricua...
Porque todavía
no entiendo sus posturas

No tiene nada de malo ser independentista. Lo que sí lo es, es pretender engañar a la gente y con eufemismos ubicarse en un partido en el que no concuerdas con sus posturas ideológicas, solo por buscar posiciones de liderato político al que no podrías acceder desde el independentismo. Tal como lo han hecho todos los soberanistas. Lo que es igualmente reprochable es engañar al País para obtener el poder político y luego timonearlo sigilosamente en una dirección ideológica para la cual no se tiene un mandato. El que todavía no esté convencido de que el Partido Popular es hoy uno soberanista-independentista, puede seguir engañándose si eso le complace. También puede seguir pensando en que ese es todavía el partido de Muñoz, cosa que dejó de serlo desde hace mucho tiempo.

José M. Saldaña
Ex-presidente UPR
2 de noviembre de 2011
columna El Vocero
Se completó el liderato soberanista en el PPD

Prólogo

Soy estadista, de derecha, a mucha honra y creo en la Estadidad para Puerto Rico. Simpatizo con las posturas del Partido Republicano y condeno el Socialismo del Siglo XXI Bolivariano. Ni me avergüenzo de mi ciudadanía americana, ni niego lo que creo porque para mí es lo justo y lo que nos merecemos por ser la colonia más antigua del mundo.

Este libro trata de una revisión de mis escritos sobre el issue de la estadidad para Puerto Rico expresadas en el blog Estrella 51 que desde el 2009 escribo y hace tres años lo hago diariamente y que ha tenido una buena acojida para mi satisfacción porque lo visitan personas de todo el mundo que piensan igual que yo y otras... no tanto.

No es una recopilación de lo que está en el blog sino un comentario adicional y así repasar los issues por los que ha pasado Puerto Rico en los últimos años y su lucha por lograr convertirnos en el Estado 51 de los Estados Unidos de América, issue que en la diáspora tiene un sentido contrario y yo quisiera saber por qué viniendo de compatriotas que gozan de la estadidad pero se oponen a que los que viven en la isla la obtengan.

Espero que mi mensaje e inquietudes tengan la comprensión sobre un tema que crea grandes divisiones, enemistades y separación de familias que buscan un futuro mejor y por eso se mudan a los Estados Unidos al igual que miles de inmigrantes de todo el mundo, buscando oportunidades que muy bien podríamos tener en la isla si cambiamos nuestro estatus colonial y por supuesto la mentalidad colectiva que hasta ahora nos mantiene atrasados y por eso no avanzamos.

Marilou Rivera
24 de mayo de 2013
Dorado, Puerto Rico

"No sería tanto el bochorno si se tratara de políticos buscones y analfabetos funcionales pero es puro estercolero lo que destilan líderes de chaqueta y corbata, intelectuales con 'papeles' y millonarios; en fin, la crema y nata de nuestra sociedad.

Yo los acusó a todos de avergonzarse de ser puertorriqueños y bien les cabe a cada uno el mote de 'vende patria'."

Fufi Santori
21 marzo 2011
El Nuevo Día

**¿Quién se abochorna
de ser puertorriqueño?
¿Quién se abochorna
de ser ciudadano americano?**

Vendepatrias

En el 2009 escribí lo que para mí es la Estadidad y mencioné los siguientes puntos...

- Protección para nuestra patria de dictaduras y guerras.
- Libertad de prensa, expresión, religión y movimiento.
- Libre mercado para trabajar dignamente según mis posibilidades.
- Vivir en un país de ley y orden con un sistema de justicia confiable y sin corrupción.
- Poder votar sin miedo por quienes crea que le puedan servir bien al país y si no es así poder sacarlos con mi voto.
- Tener representantes en el Congreso de los Estados Unidos para que aboguen sobre lo que por derecho nos merecemos como ciudadanos americanos responsables que pagamos contribuciones y ayudar a los que no pueden por no tener los recursos o la salud.
- Aspirar a una mejor educación en inglés y en español para mi isla.
- Sentirme de igual a igual con nuestros conciudadanos del continente y no como una minoría inmigrante.
- Estabilidad económica y política donde la inversión extranjera se respete.
- Respeto a la propiedad privada.
- Votar por el Presidente de la Nación más poderosa del planeta y aspirar a que ese presidente sea puertorriqueño.

¿Merecen el mote de vendepatrias los políticos estadistas cuando los que votamos por ellos perseguimos una estabilidad política que sólo nos la da el Federalismo de los Estados Unidos de América? ¡Esa es la pregunta!

Juzguemos a los antiestadistas por sus comentarios despectivos y que nos expliquen en que beneficia esto a la política puertorriqueña. Sabemos la respuesta, NADA.

"Estoy confiado en que la gente de Puerto Rico va a querer mantener una relación estrecha con los Estados Unidos continentales."

BARACK OBAMA
8 de agosto de 2009
El Nuevo Día
Entrevistado por José A. Delgado

Mi sentir como puertorriqueña

Más de 100 años siendo colonia, más puertorriqueños en el continente que en la isla, ciudadanos americanos desde 1917 y todavía seguimos siendo colonia por intereses partidistas, económicos e ideológicos.

¿Acaso la estadidad no se trata de derechos humanos, libertades y la búsqueda de la felicidad?

Siento una gran decepción por los boricuas que viven en el resto de los estados, están muy bien viviendo su estadidad y ni se acuerdan por las vicisitudes que pasan los boricuas en la isla con los altos costos de vida, sin empleos y escasas oportunidades de progreso.

Nos ven como el paraíso vacacional pero en ningún momento consideran regresar para vivir en carne propia por lo que pasamos los que por muchas razones nos tenemos que quedar y soñamos con un futuro mejor.

En Puerto Rico sufrimos de perescusión, prejuicios, bullying, falta de valores, narcotráfico, politiquería, partidismo fanático, poblemas de salud, desinformación de los medios, entre otros males. ¿A quién le importa?

Otros pretenden vender al exterior un Puerto Rico inexistente porque viven muy bien en su zona de comfort, viven en sus urbanizaciones cerradas, villas en complejos hoteleros, tienen negocios prósperos, puestos en el gobierno ganando salarios exagerados y beneficios marginales que jamás el sector privado otorga, mientras la mayoría viven en niveles de pobreza. ¿Es esto justo?

Mantener a Puerto Rico como colonia es una vergüenza para los Estados Unidos. Es una pena que los congresistas no estén conscientes de esta situación bochornosa para ellos y para la nación. La enajenación es evidente.

"Todo derecho que no lleva consigo un deber, no merece que se luche por defenderlo."

Mahatma Ghandi
Abogado, pensador y político indio
(1869-1948)

Como influye la política y el estatus en los puertorriqueños

En Puerto Rico estamos divididos en tres tribus, los estadistas, los colonialistas, y los independentistas. Dentro de esos parámetros existen otras variantes.

Entre los estadistas están los que quieren la estadidad ahora, osea, los pobres, y los que la quieren a largo plazo, no entiendo las razones pero así cuentan algunos y es porque le temen a los taxes federales o tienen algún temor al IRS, no sé, ellos sabrán, pero al parecer es un problema económico y eso influye grandemente entre los poderosos que quieren vivir en paz, sin que le cueste.

Los populares se dividen en tres: los colonialistas que atesoran su ciudadanía americana, los soberanistas que no quieren perder la relación económica de fondos federales y los socialistas llamados "plumitas liberales" que piensan que alcanzarán la independencia manteniendo la colonia hasta que haya una oportunidad que los favorezca. Por eso es que el discurso siempre nos recuerda al personaje de Cantinflas. El parece pero no es y lo mejor de dos mundos. Pero con esos enredos logran ganar elecciones y mantenerse en el poder aunque la isla cada día esté peor.

Y por último los independentistas que quieren pertenecer a la Patria Grande, hacen alianzas con dictadores, creen en el Socialismo del Siglo XXI Bolivariano pero en Puerto Rico lo niegan como Pedro negó a Jesús y pretenden venderle a los jóvenes una independencia capitalista como cualquier modelo europeo, hasta con inglés y ciudadanía.

Me parece que ya es hora que muchos hagan introspección y piensen cual es la vida que quieren vivir porque el mundo está lleno de ejemplos y no hay nada nuevo bajo el sol. ¿Estamos mejor que los demás estados de la unión?

*"Humildemente me esforzaré
en amar, en decir la verdad,
en ser honesto y puro, en
no poseer nada que no me
sea necesario, en ganarme
el sueldo con el trabajo, en
estar atento siempre a lo que
como y bebo, en no tener
nunca miedo, en respetar las
creencias de los demás, en
buscar siempre lo mejor para
todos, en ser un hermano
para todos mis hermanos."*

Mahatma Ghandi
Abogado, pensador y político indio
(1869-1948)

Ser Puertorriqueño

El falso nacionalismo en Puerto Rico ha sido nefasto. Los independentistas se apropiaron del orgullo boricua y acusan a los estadistas de avergonzarse de su puertorriqueñidad. Nada más lejos de la verdad, lo que pasa es que nosotros vemos la puertorriqueñidad de una manera distinta.

Ser puertorriqueño es mucho más que una bandera, el himno revolucionario, Verde Luz o cantar "yo sería borincano aunque naciera en la Luna". Muchos no lo entienden o no lo quieren entender.

Para mí ser puertorriqueño es ser una persona honesta, respetuosa, con convicciones religiosas o espirituales, que estudia, aprende por lo menos dos idiomas, trabaja, forma y apoya su familia, cumple con la ley, y lo más importante, nunca conspira para dañar a nadie.

En Puerto Rico se coquetea con lo prohibido, a muchos le gustan jugar con fuego y el mal los seduce a la menor provocación. Esa es la verdad.

A los que se creen que son más puertorriqueños que otros... NADIE es más boricua que yo.

No sean ridículos que la bandera en el pecho no es sinónimo de descencia. Y en todos lados hay *Puerto Rican trash* y son muchos los que nos avergüenzan.

Si quieren que nos vean como lo más grande, mírense, porque no se puede ser grande usando drogas, en alcoholismo, siendo infiel o hipócrita, dañando a niños con pornografía o asesinando reputaciones. La culpa es huérfana pero de nada vale negarlo si el resto lo sabe.

¿Cuánto cuesta la humildad? Nada, no tiene precio.

*Donde haya un árbol
que plantar, plántalo tú.
Donde haya un error que
enmendar, enmiéndalo tú.
Donde haya un esfuerzo
que todos esquivan, hazlo
tú. Sé tú el que aparta la
piedra del camino.*

Gabriela Mistral
Poeta chilena
(1889-1957)

Vamos por mal camino...
¿Qué nos pasa Puerto Rico?

El camino se anda paso a paso, las cosas se consiguen poco a poco. En mis cincuenta y tantos años de existencia viviendo en Puerto Rico las cosas no han cambiado mucho y el rumbo sigue a la deriva.

La quejadera constante de que estamos mal, no es para menos cuando es evidente y las estadisticas lo confirman, demuestra que el Estado Libre Asociado es un modelo fracasado de Luis Muños Marín y Washington a pesar de que nos han otorgado fondos federales, ciudadanía y nos enseñaron el *american way of life*. No es suficiente para superarnos y el Partido Popular Democrático lo debería de aceptar por el bien del país, pero obviamente no tienen la honestidad necesaria para aceptarlo y echarse a un lado.

Como consecuencia y como la culpa es huérfana pues los culpables son otros y no los populares que han hecho lo posible y lo imposible para sostener la colonia con promesas de un ELA Mejorado que el Congreso ha expresado que no es posible por más de veinte ocasiones.

¿Tenemos la capacidad de cambiar las cosas? Esta pregunta debería ser analizada por cada uno de los que viven en la isla y no me refiero al estatus solamente. ¿Realmente los boricuas tienen la capacidad de cambiar su vida para mejorar su existencia y como consecuencia la de la isla?

Mientras no exista voluntad personal no puede haber voluntad colectiva. No nos sigamos preguntando ¿Que nos pasa Puerto Rico? Mejor digamos... Puerto Rico ¿Qué vas a hacer hoy para cambiar el rumbo? ¿Qué vas a hacer hoy para que las cosas sean diferentes? ¿Qué vas a hacer hoy para apartar las piedras del camino hacia la estadidad? Házlo tú primero y los demás se unirán.

*"El patriotismo que reconoce la Justicia
es una virtud; pero el patriotismo que
se inspira en sembrar odios contra el
adversario y en buscar personas extrañas al
cuerpo social o político en que milita para
hacerles responsables de las desgracias de la
nación, ya ese no es un sentimiento noble;
ya ese patriotismo es bastardo y constituye
un defecto moral detestable; un vicio
repugnante. Para defender y glorificar la
patria no debe nunca el escritor descender
al pantano y arrojar puñadas de fango
sobre un pueblo inocente. Estas se vuelven
siempre contra quien las arroja. Es ley
providencial de la historia."*

Cayetano Coll y Toste
Historiador (1850-1930)
Libro La Invasión Americana en Puerto
Rico

La Invasión Americana

Mucho se ha escrito sobre el tema, desde el historiador Cayetano Coll y Toste hasta los contemporáneos han descrito la historia desde su punto de vista particular, muchos con los colores de sus cristales ideológicos, pero la pregunta que siempre se queda en mi mente luego de haber leído y estudiado la historia de Puerto Rico es ¿fue realmente una invasión? ¿Necesitaban los criollos que llegaran los yanquis a defender las libertades que representa la democracia americana?

En 1898 la realidad puertorriqueña dio un giro de ciento ochenta grados, de una colonia española con pocas libertades a un gobierno propio con tres ramas de gobierno y un comisionado en Washington, sin voto pero con voz, incompleto pero presente, con leyes y reglamentos, con respeto a los derechos humanos y la propiedad privada bajo dos Constituciones, una estatal y otra federal.

Con libertad de expresión y de imprenta, libertad de culto y de movimiento, comenzamos a descubrir un mundo nuevo de lo que significa la verdadera democracia participativa.

Las palabras de Cayetano Coll y Toste al día de hoy todavía tienen vigencia... *"Hoy que podemos escribir sin traba alguna, lo decimos con ingenuidad; nunca hemos odiado a España, pero sí y a muerte, a sus gobiernos coloniales y metropolíticos, por despóticos, crueles e injustos, con el derecho colonial de los hijos de las Antillas."*

Invasión o no... ¡Bendito el momento que por esas playas de Guánica y Aguada, entró la democracia americana y han seguido brillando la verdad y las libertades a traves de más de 100 años de historia, aunque a veces no parezcan brillar tanto por prejuicios y politiquería, lo importante es defenderlas, hasta la muerte si es preciso!

The Pledge of Allegiance

I pledge Allegiance to the flag
of the United States of America
and to the Republic for which it stands,
one nation under God, indivisible,
with Liberty and Justice for all.

"Yo prometo lealtad a la bandera
de los Estados Unidos de América,
y a la República que representa,
una Nación bajo Dios, entera, con libertad
y justicia para todos."

The original Pledge of Allegiance was written by Francis Bellamy (1855 - 1931), a Baptist minister, in August 1892. The Pledge was published in the September 8th issue of The Youth's Companion, the leading family magazine and the Reader's Digest of its day.

In 1892, Francis Bellamy was also a chairman of a committee of state superintendents of education in the National Education Association. As its chairman, he prepared the program for the public schools' quadricentennial celebration for Columbus Day in 1892. He structured this public school program around a flag raising ceremony and a flag salute - his Pledge of Allegiance.
Office of the Secretary of State
United States Of America

La Invasión Americana

Mucho se ha escrito sobre el tema, desde el historiador Cayetano Coll y Toste hasta los contemporáneos han descrito la historia desde su punto de vista particular, muchos con los colores de sus cristales ideológicos, pero la pregunta que siempre se queda en mi mente luego de haber leído y estudiado la historia de Puerto Rico es ¿fue realmente una invasión? ¿Necesitaban los criollos que llegaran los yanquis a defender las libertades que representa la democracia americana?

En 1898 la realidad puertorriqueña dio un giro de ciento ochenta grados, de una colonia española con pocas libertades a un gobierno propio con tres ramas de gobierno y un comisionado en Washington, sin voto pero con voz, incompleto pero presente, con leyes y reglamentos, con respeto a los derechos humanos y la propiedad privada bajo dos Constituciones, una estatal y otra federal.

Con libertad de expresión y de imprenta, libertad de culto y de movimiento, comenzamos a descubrir un mundo nuevo de lo que significa la verdadera democracia participativa.

Las palabras de Cayetano Coll y Toste al día de hoy todavía tienen vigencia... *"Hoy que podemos escribir sin traba alguna, lo decimos con ingenuidad; nunca hemos odiado a España, pero sí y a muerte, a sus gobiernos coloniales y metropolíticos, por despóticos, crueles e injustos, con el derecho colonial de los hijos de las Antillas."*

Invasión o no... ¡Bendito el momento que por esas playas de Guánica y Aguada, entró la democracia americana y han seguido brillando la verdad y las libertades a traves de más de 100 años de historia, aunque a veces no parezcan brillar tanto por prejuicios y politiquería, lo importante es defenderlas, hasta la muerte si es preciso!

The Pledge of Allegiance

I pledge Allegiance to the flag
of the United States of America
and to the Republic for which it stands,
one nation under God, indivisible,
with Liberty and Justice for all.

"Yo prometo lealtad a la bandera
de los Estados Unidos de América,
y a la República que representa,
una Nación bajo Dios, entera, con libertad
y justicia para todos."

The original Pledge of Allegiance was written by Francis Bellamy (1855 - 1931), a Baptist minister, in August 1892. The Pledge was published in the September 8th issue of The Youth's Companion, the leading family magazine and the Reader's Digest of its day.

In 1892, Francis Bellamy was also a chairman of a committee of state superintendents of education in the National Education Association. As its chairman, he prepared the program for the public schools' quadricentennial celebration for Columbus Day in 1892. He structured this public school program around a flag raising ceremony and a flag salute - his Pledge of Allegiance. Office of the Secretary of State United States Of America

Ciudadanía Americana

Hay tanto que decir de la ciudadanía americana, desde que se fundó esa gran nación en 1776 con una Constitución y Carta de Derechos del individuo, hasta hoy que tantos inmigrantes la solicitan y se les otorga sin distinción de raza, religión, color de piel, origen, discapacidad y una vez la obtienen puede votar en la elecciones, elegir el presidente, participar abiertamente de todos los beneficios y responsabilidades que conlleva vivir en Estados Unidos de América. Pero lo más importante de esa ciudadanía es vivir en libertad y democracia.

¿Existe realmente lealtad de los inmigrantes hacia la nación que cobija a personas que huyen de sus países de origen por persecución política o religiosa entre otras razones?

Yo pienso que sí, aunque hay sus excepciones, pero con la diáspora boricua sucede algo extraño, no se la proporción pero he observado que muchos viven odiando y criticando a los Estados Unidos pero siguen viviendo allá y disfrutando de los beneficios de la estadidad. ¿No creen que es una incongruencia?

Hello! son estadounidenses ¿acaso todavía no lo asimilan? ¿o es que el complejo de inferioridad por la indefinición del estatus de la isla no les permite sentirse parte y sí como una minoría de inmigrantes?

Si bien es cierto que los puertorriqueños no tienen una buena imágen en los Estados Unidos, la responsabilidad de mejorarla es de los mismos boricuas. Son muchos los ejemplos de superación y no hay excusa válida para proyectarse como delincuentes, drogadictos o vagos.

Recuerden... no es el sitio es la gente y yo les pregunto ¿Si vivieran en Puerto Rico mantendrían el mismo estilo de vida o lo cambiarían? ¿Somos más grandes?

"Cualquier relación de un siglo necesariamente tiene aspectos positivos y negativos; la relación entre Estados Unidos y Puerto Rico no es ninguna excepción. No hay duda de que su historia está entrelazada y de innumerables maneras hay influencia recíproca entre Estados Unidos continental y la isla. El Grupo de Trabajo espera que su labor sea un catalizador de crecimiento sostenido y medidas decisivas que le darán al pueblo puertorriqueño el poder de determinar su futuro político."

Último párrafo
Informe del Grupo de Trabajo
del Presidente sobre el Estatus
de Puerto Rico
Marzo 2011

Jugándonos el futuro de la Isla

Llevamos desde el 1899 tratando de definir el estatus final de la isla. Desde Barbosa hasta Fortuño son más de 100 años jugando a ser o no ser. ¿No creen que ya es tiempo de resolver este viejo dilema?

Los por cientos de las fórmulas de estatus de los pasados plebiscitos que incluyo a continuación, señalan que el único movimiento que ha crecido es la estadidad y esto demuestra que los puertorriqueños no quieren perder su relación con los Estados Unidos ni su ciudadanía.

1967 ELA 60.4% Estadidad 39% Independecia .06%
1993 ELA 48.6% Estadidad 46.3% Independencia 4.4%
1998 ELA .01% Estadidad 46.5% Independencia 2.5%
      Ninguna de las Anteriores con un 50.3%
2012 ELA*33.34% Estadidad 61.16% Independencia 5.49%
      * Soberano = Libre Asociación

Debido a muchos mitos, mentiras, politiquería, corrupción entre otros males ha tronchado las oportunidades de futuro a la isla. Entre esos mitos está el del idioma y la cultura. Para beneficio nuestro, el informe del Task Force de Casa Blanca ha sido muy claro en aclarar este mito.

Recomendación #6: "El Presidente y el Congreso deben asegurar que Puerto Rico controle su identidad cultural y linguística. El Grupo reconoce que, si Puerto Rico es admitido como estado, sería necesario que el inglés desempeñe — como lo hace actualmente — una función central en la vida cotidiana de la isla."

¿Ha perdido la diáspora boricua su cultura y su idioma viviendo en los Estados Unidos? ¿Aprender inglés les ha cerrado puertas? ¿Han perdido su identidad o sus costumbres? Si la contestación a estas preguntas es NO ¿por qué se oponen a que la isla se convierta en estado?

... ¿No sigue siendo esa nuestra gran aspiración, a las alturas del siglo veintiuno? ¿No soñamos acaso con el día en podamos unirnos en igualdad de derechos y deberes con los pueblos hermanos de América Latina y el Caribe que hoy encabezan una lucha sin par, en Venezuela, Nicaragua, Cuba, Bolivia, El Salvador, Uruguay, Brasil, Ecuador?...

...Lo han estado haciendo durante los pasados dos años, con torpeza, con rabia, con mala voluntad, con odio. Con maldad. Porque, más allá de su condición de anexionistas, el gobierno Fortuño-PNP encarna la maldad, la perversión y la falta de escrúpulos. Por eso tampoco exageramos cuando les llamamos fascistas. Su maldad viene acompañada de arrogancia e intolerancia. También de mediocridad e incompetencia. Pero asimismo de una cierta inteligencia maligna, cargada de cinismo e insensibilidad...

...Desde la Isla Nena hasta Cabo Rojo, desde Arecibo hasta Ponce, lo mismo en Utuado, que en Adjuntas, Toa Baja o San Juan, vamos a dar batalla. Con perseverancia inagotable. Conscientes de que, en pleno siglo veintiuno, somos los continuadores de una lucha más que centenaria, nada menos que contra la potencia imperialista más poderosa y agresiva de la historia. Reconociendo las mil dificultades que debemos afrontar. Confiados en que, tarde o temprano, vamos a prevalecer...

...Porque somos hijos e hijas de Agüeybaná, de Hostos, de Betances, de Mari Brás, de Albizu, de Filiberto, de Lolita. Porque hemos derrotado al dios del miedo; porque no le tememos a los fascistas. Porque creemos que otro Puerto Rico es posible, y lo iremos edificando palmo a palmo. Porque creemos que la felicidad es la lucha, que la vida es lucha toda. Lo demás, lo demás es la victoria.

¡Queridos compañeros y compañeras, más temprano que tarde, vamos a vencer!...

Julio Muriente
Fragmentos del Discurso presentado en el acto de recordación por el 172 aniversario del natalicio de Eugenio María de Hostos
Centro Cultural de Mayagüez
10 de enero de 2011

Los líderes del Socialismo del Siglo XXI en Puerto Rico y la lucha por la Independencia

En la isla de Puerto Rico la politiquería no se diferencia mucho de lo que sucede en América Latina. Diabolizar al oponente es la alternativa fácil para los líderes de izquierda cuando quieren ocultar la verdad de su ideología socialista y claro, proyectar en los demás lo que ellos son, pues, es lo mas rentable en su propaganda embrutecedora.

Es más fácil acusar que defenderse, sin embargo cuando se les cuestiona con argumentos serios, acuden a insultar de modo personal y desviar la atención del issue para enredar al oponente, clásico en ellos y yo, ya los conozco.

Los líderes del independentismo en Puerto Rico no tienen credibilidad porque los boricuas no somos tontos y conocemos la realidad latinoamericana sobre todo en los países que ellos defienden como Cuba y Venezuela.

Su discurso incendiario quizás pueda convencer, por un tiempo, a los jóvenes universitarios que son propensos a dejarse influenciar porque no tienen la madurez ni el conocimiento de la historia y sólo escuchan la versión de ellos, por eso es tan importante tener la curiosidad de escudriñar las dos caras de la moneda y el origen de toda historia.

Ninguno de ellos han podido trascender y ganar elecciones porque no tienen un plan específico de como levantar la calidad de vida de los que viven en la isla y lamentablemente para ellos los hechos que acontecen en América Latina y que conocemos en Puerto Rico a través de la prensa internacional son su peor carta de presentación para defender el Socialismo del Siglo XXI y la CELAC. ¿Hasta cuando van a seguir con lo mismo?

"...Today, I am pleased to receive the Task Force's Report and its recommendations because they provide an important road map to address the concerns and aspirations of the people of Puerto Rico"...

Barack Obama
Informe del *Task Force*
de Casa Blanca sobre
el estatus de Puerto Rico
March 11, 2011

Estadidad para Puerto Rico ¿Cuándo?

En el momento que escribo estas líneas todavía Puerto Rico no es Estado. Se llevó a cabo un plebiscito, ganó la opción de la Estadidad con un 61% y la oposición no lo quiere aceptar, faltándole el respeto a una mayoría de ciudadanos americanos que responsablemente fue a las urnas y votó.

El Comisionado Residente en Washington Pedro Pierluisi presentó en el Congreso el proyecto HR2000 pero todavía no se lleva a discusión o vistas públicas y los socialistas van a la ONU a exigir la descolonización de Puerto Rico hacia una independencia que la mayoría no quiere con la intervención indebida de países socialistas del "Comité de los 24" que mantienen dictaduras.

Y yo me tengo que cuestionar, con qué fuerza moral una minoría puede exigir una independencia hacia el socialismo cuando una mayoría de personas está decidiendo lo contrario en una consulta legal y legítima.

También tengo que cuestionar el que una diáspora de puertorriqueños que viven en los Estados Unidos continentales, en Alaska y en Hawaii puedan opinar, influenciar y exigir votar en una consulta que no los afecta porque no son residentes de la isla.

Los congresistas demócratas apoyan a Pierluisi en su proyecto mientras el presidente Obama hace alianzas con el gobernador Alejandro García Padilla y el PPD. Por otro lado los republicanos cubanoamericanos de la Florida apoyan también el proyecto pero los demás miembros y el Tea Party no, e incluso algunos de ellos hacen alianzas con los representantes boricuas Luis Gutiérrez y Nydia Velázquez en una movida cuestionable del cabildero Charlie Black. ¿Qué sucederá? No lo sé, veremos a ver quien logra buscar el consenso que tanto necesitamos para resolver este viejo problema de la República Americana.

"Cónsono con los preparativos de una posible consulta de estatus, ha llegado el momento de intensificar nuestra campaña de orientación en favor del desarrollo del ELA y los costos de la estadidad. El Pacto de Futuro, el manual de capacitación del PPD, contiene los parámetros del crecimiento del ELA y el mismo fue aprobado de forma unánime en la Junta de Gobierno por lo que su contenido enviará un mensaje unificador sobre la capacidad de desarrollo del ELA."

Jorge Colberg Toro
miércoles, 27 de abril de 2011
Primera Hora

¿Campaña de orientación o de tergiverzación de la verdad sobre el desarrollo de ELA?

Los Costos de la Estadidad según el PPD

Tengo que incluir parte de un texto creado por el PPD para hacerle creer a los puertorriqueños que bajo una estadidad vamos a perder muchas cosas. De nada sirve que yo hable del tema si no incluyo el texto original para que los lectores analicen de primera mano los mitos y mentiras que utiliza el PPD para engañar a su gente...

Manual de Capacitación
Partido Popular Democrático

#1 - Aunque los Estados Unidos es una Nación de inmigrantes, no es menos cierto que su historia demuestra que la herramienta para la unificación de ella ha sido su idioma inglés y su cultura anglosajona; y es precisamente ese hecho, el que nos presenta la realidad de que la cultura puertorriqueña es totalmente distinta a la de los Estados Unidos. Por consiguiente, la razón principal para la incompatibilidad de la estadidad para Puerto Rico es la existencia y la historia de la nacionalidad puertorriqueña que es, en efecto, un muro de contención indestructible.

Mito #1
El gobierno federal no se inmiscuye en lo relacionado al idioma y la cultura de los estados. El inglés es el idioma que nos une para desarrollarnos profesionalmente y comunicarnos con el gobierno central y en los tribunales federales. Los que viven en los Estados Unidos tienen la libertad de expresarse en el idioma de su preferencia e inclusive los "Miranda rights" deben ser expresados en el idioma que mejor lo entienda la persona que es arrestada.

#2 - La estadidad es destructiva para Puerto Rico. Esa conclusión resulta evidente cuando se analizan los costos sociales y económicos que traería la anexión de la isla. Ya sabemos que la imposición de la estadidad traería como consecuencia la imposición del inglés como idioma principal, la destrucción del Comité Olímpico de Puerto Rico, la eliminación de la participación de la Isla en los concursos de belleza, de ferias internacionales e innumerables intercambios culturales, educativos y científicos con países hermanos de Latinoamérica.

Mito #2
El Federalismo que implica la estadidad se explica claramente en la siguiente gráfica.

FEDERALISMO

Poderes delegados al Gobierno Federal

Poderes en conjunto

Poderes reservados a los estados

- declarar guerra
- crear y mantener fuerzas armadas (Ejército)
- política exterior
- regular comercio interestatal y exterior
- leyes derechos de autor y patentes
- servicio postal
- acuñar moneda
- inmigración y Aduanas

- aumentar impuestos
- proveer bienestar público
- Justicia criminal
- prestar dinero
- constituir bancos
- construir carreteras e infraestructura

- establecer gobierno local
- establecer y mantener escuelas
- regular comercio entre estados
- dirigir elecciones
- proveer seguridad pública
- Salud Pública
- Cultura e idiomas

Por: Estrella 51 Blogspot

Otra vez el gobierno federal no interviene en los asuntos estatales, siempre y cuando no afecte la seguridad nacional o leyes que vayan por encima de las leyes federales. Hablar de perder el Comité Olímpico que se fundó en el 1948, siendo Puerto Rico territorio antes de que se estableciera el Commonwealth of Puerto Rico es algo sin fundamento dado el caso de que hay países que tienen hasta tres comités olímpicos como sucede con China.

Los concursos de belleza son actividades comerciales que no deben sobreponerse al beneficio de un territorio que merece ser parte de la nación americana por razones que son mucho más importantes como la común defensa y moneda, entre otros.

#3 - La estadidad impondría una carga contributiva excesiva a la clase media y profesional que provocaría un colapso a la economía del país.

Aumentos en Contribuciones
La estadidad traería como consecuencia un incremento en el pago de contribuciones a los residentes de la isla - principalmente los de la clase media y profesionales - lo que implícitamente duplicaría los costos de vida y los gastos de consumo de los puertorriqueños.

Mito #3
El mito de los taxes ha sido un "cuco" muy usado para asustar a los que poseen más y gozan de una fortuna en Puerto Rico. Claro, a los ricos le resulta muy incómodo tener que pagar taxes federales por sus diversas propiedades y bienes. No es menos cierto que a Puerto Rico lo proyectan como un paraíso fiscal para los más pudientes. La pregunta que dejo en el tintero es: ¿Es justo para el boricua de clase pobre y media, vivir en una isla donde todo es más caro que en el "Mainland" y que paga la mayor carga contributiva versus una clase rica que goza de excensiones contributivas federales? ¿A quiénes defiende el Partido Popular Democrático? ¿A los "grandes intereses" o a los pobres?

#4 - La amenaza de la asimilación, la polarización del país y la responsabilidad del PPD
Una de las grandes virtudes del ELA es que permite que los puertorriqueños puedan reclamar y abogar por otras fórmulas de estatus aún dentro del ELA y además permite la coexistencia de diversos partidos políticos y movimientos ideológicos. Esa flexibilidad y ejemplo de democracia es una de las fortalezas de esta fórmula de estatus que, por ello, viabiliza un clima de paz institucional y de estabilidad política. Otro aspecto importante de ese clima de tolerancia y amplia participación es el mecanismo constitucional que permite y garantiza una representación de las minorías en la Asamblea Legislativa. Asimismo, desde el 1953, la Ley Electoral otorga un fondo electoral para garantizar la igualdad de participación en el proceso electoral de todos los sectores ideológicos y partidos políticos debidamente inscritos. Estas virtudes, sin embargo, están bajo amenaza ante la estadidad.

Mito #4
El PPD miente cuando afirma estos argumentos incongruentes
con la realidad política de la isla. El PPD no es el punto de
cohesion, es el punto de la polarización y la discordia que no nos
permite enfocarnos en temas mucho más importantes porque
sencillamente mientras no resolvamos el estatus jamás podremos
superar muchos obstáculos que nuestra condición colonial nos
impone.

En 113 años y contando, los puertorriqueños nos hemos
asimilado y acostumbrado al "american way of life" del
capitalismo, sin perder nuetra idiosincracia y cultura.
Atesoramos lo nuestro, sobretodo los estadistas, no hay tal cosa
de que nos avergonzamos de ser puertorriqueños.

**Mucho más importante, el Congreso Federal ha
rechazado desde el 1952 el ELA Mejorado y el PPD se
niega a caeptar esta verdad.**

#5 - El Partido Popular Democrático es el único
instrumento político que tiene la fuerza electoral
de detener la asimilación de nuestro pueblo y
esa responsabilidad es una obligación moral
irrenunciable que tiene esta colectividad con la
defensa de la nación puertorriqueña y el futuro de
nuestros hijos. Para ello es necesario que este Partido
se levante y redirija sus esfuerzos hacia nuevos
rumbos y estrategias que representen y protejan
los valores y aspiraciones de Pueblo de Puerto Rico.
Con esa agenda presente, es necesario refundar el
Partido Popular Democrático.

Mito #5
La única manera de "refundar el Partido Popular Democrático"
es que se defina por la soberanía hacia una independencia.
El problema que tienen sus líderes es que se debaten en si lo
aceptan abiertamente o no, ya algunos lo han hecho, otros
se mantienen en su postura de seguir con la colonia, están
divididos e inmovilizados porque saben que se les vacía el
partido si asumen tanto una postura como la contraria, algo
impensable porque perderían la capacidad de ganar elecciones

y eso es mucho más importante para mantenerse en el poder y obviamente manipular las ramas del gobierno afines al PPD.

La mayoría de los puertorriqueños no quiere la independencia, los lazos con los Estados Unidos son muy fuertes y no los quieren perder.

El informe del Task Force de Casa Blanca publicado en marzo del 2011 y fimado por el presidente Barack Obama es un documento muy importante que todo puertorriqueño debe leer para enterarse de detalles sumamente importantes y que los líderes del PPD no quieren que se enteren, por eso lo ignoran y no lo mencionan, cuando lo hacen es para distorsionar su contenido.

Es muy fácil engañar a un pueblo que no se preocupa por investigar la verdad, si los puertorriqueños lo hicieran, ya el PPD sería un partido de minoría hace rato. Para mí es muy lamentable que esto suceda, no hay derecho a engañar a un pueblo por razones puramente electorales.

El PPD no representa las aspiraciones del Pueblo de Puerto Rico, representa el inmovilismo, el "ningunismo", el coloniaje, el estancamiento y la mediocridad intelectual de aquellos que creen que tendremos "lo mejor de dos mundos".

Los estadistas queremos igualdad para todos, tanto para el pobre como para el rico, que podamos votar por el presidente que envía a nuestros hijos a la guerra, igualdad de oportunidades económicas y profesionales que encontramos en los demás estados a donde emigramos, que no nos vean como un grupo inmigrante más, sino como ciudadanos americanos que somos y que igual derecho tenemos a la búsqueda de la felicidad.

Atesoramos nuestra ciudadanía y las libertades que ellas representan, aspiramos a vivir el futuro en democracia como lo soñaron los Padres Fundadores cuando crearon esa gran nación en 1776.

Propaganda: *El uso de información con la meta de aumentar el apoyo (o el rechazo) a una cierta posición, antes que presentarla simplemente en sus pros y sus contras. El objetivo de la propaganda no es hablar de la verdad, sino convencer a la gente: pretende inclinar la opinión general, no informarla. Debido a esto, la información transmitida es a menudo presentada con una alta carga emocional, apelando comúnmente a la afectividad, en especial a sentimientos patrióticos, y apela a argumentos emocionales más que racionales.*

Wikipedia

La propaganda y la cobertura de la prensa en Puerto Rico

Pensar que en Puerto Rico existe una cobertura neutral de los medios de radio, televisión y prensa escrita es soñar con pajaritos preña'os. Es positivo que los periodistas se identifiquen políticamente, porque pretender ser imparcial y siempre informar a favor de un lado de la balanza es ser deshonesto.

Los estadistas ya nos hemos dado cuenta del juego político que se trae la prensa "liberal", la "escuela" desde el 2000 ha sido para mí suficiente en darme cuenta de muchas cosas, la más importante, que el movimiento estadista es odiado y despreciado por una prensa que nace en las universidades que domina la izquierda.

Si bien es cierto que muchos estudiantes luego de graduados cambian su manera de pensar, también es cierto que el "brain wash" a mucho se les queda para el resto de sus vidas. En fin, el que diga que la prensa es imparcial miente.

Ni hablar de los "analistos" políticos, hay de todos los colores y sabores, desde el más extremista de la izquierda hasta los más sonsos estadistas, digo sonsos porque a los que como yo, les gusta decir las cosas como son no gozan del favor de los dueños de medios que los rechazan porque sucumben al poder económico de sus auspiciadores.

Lo único que puedo aconsejarles a los lectores es, busquen las dos caras de la moneda y lleguen a sus propias conclusiones, mientras más investiguen sobre los acontecimientos mejor. Nadie tiene el monopolio de la verdad, mucho menos los medios que están comprometidos con el poder económico que cabildea abiertamente para defender sus propios intereses.

"Realpolitik": política basada en la práctica en lugar de consideraciones morales o ideológicas.

El virulento ataque del presidente del Senado, Thomas Rivera Schatz, contra el reportero Israel Rodríguez, de El Nuevo Día, en reacción a las revelaciones de una investigación periodística, son un intento inútil de minar la credibilidad de la prensa, con objeto de gobernar a mansalva sin el contrapeso moral que le pone la fiscalización.

Editorial
El Nuevo Día
Mayo 19, 2011

La "realpolitik" de la prensa en Puerto Rico

Durante administraciones penepés la prensa ha jugado un papel fiscalizador y en muchas ocasiones hasta extremadamente agresivo y difamatorio en investigaciones a líderes estadistas. Uno de los líderes más criticados en la prensa boricua ha sido el expresidente del Senado Thomas Rivera Schatz, a quien se le acusa de ser anti-prensa, creo que es todo lo contrario, la prensa es anti-Rivera Schatz, las razones son obvias, el "tiburón blanco" como le llaman, no permite que la prensa lo intimide con preguntas cargadas, ni se deja enredar con premisas erróneas que muchos periodistas hacen para intimidar a sus entrevistados.

Vamos, que la "real politik" es hacer quedar mal a los líderes del PNP porque la agenda es muy clara, destruir el movimiento estadista. ¿Cómo lo logran? Haciendo investigaciones en contra de los representantes de ese partido y dándole amplia cobertura en las primeras planas de sus periódicos. Lo hicieron con varias personas que no vale la pena mencionar para no seguir lacerando sus vidas.

Cuando comparamos la cobertura de otros líderes de los partidos Popular Democrático y el Independentista Puertorriqueño e incluso partidos minoritarios como el PPT y el MUS el comportamiento de lo periodistas es completamente opuesto, me atrevería a decir que hasta son reportajes de encargo y relaciones públicas.

Israel Rodríguez al igual que otros periodistas del Grupo Ferré-Rangel, tienen su "real politik" muy clara. La agenda no es informar la verdad, sino solamente dar la versión de la línea editorial de sus jefes. Las cosas como son.

*"Probablemente no haya ningún
ejemplo en la historia de la humanidad
de un país próspero y en paz del que
sus ciudadanos salgan masivamente
hacia otro sitio"*

El Nuevo Día
Mayo 29, 2011

*"Gobernar a Puerto Rico se ha vuelto
una tarea bien difícil por no decir
imposible, porque lo inmediato derrota
lo importante. Así transcurren
gobiernos, resolviendo la crisis del
momento, lo que impide gestar
proyectos de largo plazo."*

Gustavo Vélez
El Nuevo Día
25 mayo 2011

¿Por qué se van los puertorriqueños?

Una pregunta que se hacen muchos, quien no vive en la isla no podría contestarla, hay que vivir en Puerto Rico y buscar oportunidades de empleo y progreso de emprendedores para darse cuenta que ni es tan fácil y lamentablemente la política partidista trunca los anhelos de los puertorriqueños y por eso se van a buscar en los estados lo que no encuentran en el territorio.

"Aprendí el significado de la palabra traición.
Ahora yo sé qué es la traición. Yo la sentí.
Entra por la espalda y es fría"
José Ramón de la Torre
Expresidente de la UPR, en referencia a las intrigas y presiones de las que fue objeto mientras presidió el centro docente
El Nuevo Día - Mayo 29, 2011

Tengo que incluir esta cita porque recoge el ambiente universitario donde el socialismo se ha enquistado haciéndole un grave daño a la institución, al grado de que se ha visto amenazada de perder su acreditación por su falta de gobernanza. Además su prestigio académico está en entredicho ya que no aparece en las listas de universidades prestigiosas de los Estados Unidos.

Es obvio que el ambiente que se vive en la isla no es el mejor para las aspiraciones de los nuevos profesionales que se gradúan y los estadistas prefieren montarse en un avión y no protestar, eso sería entrar en una lucha esteril en donde se tienen todas las probabilidades de perder.

Los puertorriqueños se van de Puerto Rico porque no tienen oportunidades de progresar y porque los enemigos del gobierno PNP, no permiten que se cree un proyecto de país y se logre el desarrollo que se espera para superarnos.

"En Estados Unidos ese tipo de proyecto es imposible pues contiene la píldora venenosa de la Estadidad"

Rubén Berríos Martínez
Entrevistado por José A. Delgado
El Nuevo Día
2 de junio 2011

Estadidad ¿Pildora venenosa? ¿En serio?

Rubén Berrios y sus colegas del PIP se creen que tienen el monopolio de la verdad y hablan de dignidad y libertad. Los puertorriqueños vivimos en libertad hace mucho tiempo gracias a la ciudadanía americana y si no hemos logrado la dignidad política con la Estadidad es porque ellos han intervenido para frenarla en alianza con el PPD.

El que algunas personas en el Congreso de Estados Unidos sopesen sus intereses particulares con la ayuda de los cabilderos ha sido una píldora venenosa de la que Berríos ni los populares hablan.

Pildoras venenosas conocidas por los estadistas puertorriqueños son: Luis Gutierrez, Nydia Velázquez, Aníbal Acevedo Vilá, Rafael Hernández Colón y sus hijos, los cabilderos pagados por los populares como Charlie Black, que le han hecho un flaco servicio a los puertorriqueños que vivimos en la isla, desprestigiándonos en la prensa y en los pasillos del Congreso, así es, para después venir aquí a decir que los americanos no nos quieren y que la estadidad es una quimera.

La falta de honestidad y no decir la verdad los delata, el discurso cínico, los chistesitos estúpidos como el de la peinilla que los analistas y periodistas le ríen con toda la intención de quitarle seriedad al issue del estatus y los estadistas nos lo tenemos que aguantar. Claro, quien no tiene el favor del pueblo recurre a estas tácticas para minimizar el daño que les hace a su lucha socialista por una independencia que sólo un 5% del electorado apoya.

Se vanaglorian diciendo que ellos son los dueños de la verdad, pero la distorsionan a conveniencia. ¿No es esto una píldora venenosa para la democracia en Puerto Rico?

"... Creyentes en la democracia y respetuosos del mandato de la mayoría, no vamos a imponer la estadidad a los puertorriqueños. Vamos a convencerlos, con la fuerza de los poderosos argumentos que hay para defenderla, que es éste el único camino de la igualdad política, de la seguridad y del progreso para todos. Vamos a hacer comprender a nuestros compatriotas que convertirnos en estado no significa dejar de ser puertorriqueños. Que por el contrario, la estadidad jíbara, como yo la he llamado, conservará todo lo bueno de nuestra cultura y nuestras tradiciones así como nuestra lengua española. Que al mismo tiempo la estadidad jíbara nos permitirá disponer de los recursos económicos de un gobierno federal que son necesarios para resolver nuestros graves problemas..."

Luis A. Ferré
12 de octubre de 1968

La Estadidad Jíbara

El issue del idioma y la cultura es motivo de preocupación entre los puertorriqueños, amamos nuestra cultura, nuestra música, nuestro español, nuestras tradiciones, nuestra gastronomía. Somos un pueblo con historia, arte y costumbres. ¿Perderemos nuestra escencia de pueblo con la Estadidad? La respuesta es muy sencilla... NO, el problema es que a los enemigos de la estadidad les resulta muy ventajoso usarlo como "caballito de batalla".

Esta es la verdad...
Recomendación # 6: El Presidente y el Congreso deben asegurar que Puerto Rico controle su identidad cultural y lingüística. El Grupo de Trabajo reconoce que, si Puerto Rico es admitido como estado, sería necesario que el inglés desempeñe —como lo hace actualmente— una función central en la vida cotidiana de la isla.
Informe Task Force de Casablanca
Marzo 2011

La Estadidad Jíbara fue un concepto acuñado por Luis A. Ferré para ilustrar que los puertorriqueños no perderíamos nuestro idioma ni nuestra cultura con la estadidad, pero claro, los enemigos tienen que atacarlo por varias razones, la primera, es verdad, el tiempo le dio la razón a Don Luis y el Informe del Task Force lo corroboró y les destruyó el argumento.

La cultura no se legisla, es inherente del ser humano, ¿qué quiere decir inherente? que por su naturaleza está inseparablemente unido a algo. Ejemplo de esto son los puertorriqueños que viven en los Estados Unidos de 2nda y 3era generación que siguen sintiéndose puertorriqueños.

¿En 500 años hemos dejado de ser puertorriqueños? ¡NO!
¿Estadidad Jíbara? ¡Definitivamente Sí!

"El PPD esta dispuesto a respaldar esfuerzos serios para atender el asunto del status. Sin embargo, el PNP insiste en procesos amañados, al igual que lo hacía el natimuerto HR 2499 que el Congreso rechazó",

"Repudiamos este tipo de acción y nos comprometemos con todos los sectores ideológicos de Puerto Rico a atender este asunto con seriedad y de forma justa en el primer semestre del año 2013"

Alejandro García Padilla
El Nuevo Día
Junio 2011

* Fuente: Puerto Rico decide.com

"Target" P.N.P.

El Partido Nuevo Progresista ha estado desde su fundación en la mirilla de sus opositores. A pesar de todo y de todos, ha logrado que el movimiento estadista crezca a través de los años porque es el único partido que defiende la estadidad para Puerto Rico.

Bajo la gobernación de Luis Fortuño, y porque fue promesa de campaña en el 2008, se organizó el plebiscito bajo las recomendaciones del Task Force en su informe que dice...

"Una segunda opción sería lo opuesto a la versión original de H.R.2499. Con esta estrategia, todas las opciones de estatus se incluirían en la primera votación, excepto el actual estatus político. La opción que reciba suficientes votos en el primer plebiscito (mayoría relativa, mayoría o súper mayoría) luego se ofrecería como alternativa al actual estatus político en el segundo plebiscito. Otra variación de este tipo incluiría todas las opciones de estatus como parte del primer plebiscito, y las dos que reciban más votos serían las dos opciones del segundo plebiscito.Esto en la práctica funcionaría como un solo plebiscito con una segunda vuelta, como se explica arriba."
Pág. 30 - Informe Task Force Casablanca - Marzo 2011

Alejandro García Padilla mintió al decir que fue un proceso amañado. Pero esta no es la única mentira, también lo hizo cuando ofreció atender un proceso de descolonización estableciendo una Constituyente cuando ganara las elecciones.

Pasaron los primeros seis meses y no pasó nada a pesar de que Rubén Berríos le pidió al PPD que lo llevara a cabo, nada, que no hay voluntad para la descolonización de Puerto Rico. Por más que apunten sus dardos hacia el target del PNP, jamás lograrán destruir el ideal estadista. Lo mejor de todo es que ganamos el plebliscito logrando la opción de estadidad 824,195 votos con un 61.11%.*

Oclocracia:

Polibio, historiador griego, en su obra Historia, sobre el 200 AC llamó oclocracia al fruto de la acción demagógica y la definió como la tiranía de las mayorías incultas y uso indebido de la fuerza para obligar a los gobernantes a adoptar políticas, decisiones o regulaciones desafortunadas.

Wikipedia

¿Qué les parece?
¿Vivimos esto bajo el ELA?
¿Manipula la prensa a la ciudadanía para que vote en contra del PNP que defiende la democracia y la estadidad para Puerto Rico?
¿Escoge sabiamente el pueblo puertorriqueño a sus gobernantes?

Oclocracia en Puerto Rico

Los estadistas luchamos por un cambio de estatus para lograr una democracia liberal, que es el sistema republicano de los Estados Unidos de América, merece estudio lo siguiente, porque me parece que se acerca más a lo que vive Puerto Rico hoy, víctima del "Triunvirato del Terror" por Pedro Rosselló en su libro, esa fórmula nefasta que timoneó y pretende timonar a los puertorriqueños de cara a un futuro hacia la estadidad:

prensa + comglomerados económicos
+ alianza PPD-PIP-Socialistas = coloniaje y oclocracia

Oclocracia es el término que describe la ignorancia de la ciudadanía acerca de los aspectos políticos, económicos y sociales fundamentales en una sociedad, esa ignorancia que los inhabilita para elegir entre las diversas propuestas porque son tergiverzadas por la prensa y los políticos.

Oclocracia, es lo más que se acerca a la colonia del ELA y que le conviene a los enemigos de la Estadidad para Puerto Rico, mantener un pueblo en la ignorancia y azuzarlo contra el PNP hasta destruírlo politicamente es la realidad.

Los puertorriqueños tenemos el futuro del país en nuestras manos, es nuestra responsabilidad, no es de nadie más, informarse correctamente es imprescindible para no dejarnos embaucar por los intereses personales de unos pocos. Los Estadistas hemos sido víctimas de la "dictadura de la prensa", de los errores humanos de nuestros representantes, del "triunvirato del terror", no podemos permitir que esto nos vuelva a hacer daño como en el 2000.

¿Quién decide? Una minoría de una élite política en conspiración con la prensa, que defiende sus intereses personales y económicos o un pueblo que sufre de injusticias y arbitrariedades de parte del gobierno.

No queremos neutralidad ni fair play colonial. La colonia nunca será justa para los puertorriqueños ni moral para nuestra Nación, ni siquiera por consentimiento. Reclamamos que se digan seriamente las Verdades. Reclamamos acción desiciva e inmediata. ¿No cree usted que 113 años de colonialismo, discrimen, desigualdad y segregación colonial son más que suficientes? Abolir el colonialismo en Puerto Rico le ha tomado a la Nación mucho más tiempo que abolir la esclavitud. Recuerde, "es tiempo de cambiar". Ya es hora. Igualdad. Come Home!

Thomas Rivera Schatz
Presidente del Senado de Puerto Rico
2008-2012

Igualdad. Come Home!

¿Los puertorriqueños que vivimos en la isla disfrutamos de los mismos derechos y obligaciones que disfrutan los que viven en el *Mainland*? No.

Siempre me he preguntado ¿cuáles son realmente las razones válidas para que los puertorriqueños emigren a los demás 50 estados y se opongan a la estadidad para la isla? Si hacen su vida bajo el *american way of life*, crían a sus hijos en ese sistema donde aprenden inglés, muchos logran el sueño americano, otros no, porque se quedan viviendo en el *ghetto* y culpan al sistema por eso, cuando la realidad es que los únicos responsables son ellos mismos. Peor aún utilizan esos argumentos para influenciar la opinión de los demás. ¿no creen que ya está bueno de tanto auto engaño?

Las verdaderas razones para emigrar son personales y económicas porque allá hay más oportunidades de progresar, a pesar de que hay otros que lo hacen para insertarse en el proceso político estadounidense y así entorpecer el proceso de estadidad para Puerto Rico. Lo hizo Nydia Velázquez con la ayuda de Hernández Colón. También Luis Gutiérrez representando a Illinois, un estado que alberga a la diáspora que simpatiza con los miembros de la FALN, los Macheteros y su lucha independentista.

Ahora la nueva modalidad son los artistas y las celebridades en el mundo de Hollywood, el cuál es muy "liberal", logran su éxito desde allá y pretenden convencernos de que estamos bien siendo colonia o que estaremos mejor bajo una independencia. Pero no se hacen la pregunta... ¿Y que hago yo en USA ganando millones? Una pregunta que ni Ricky Martin, ni Benicio del Toro se han hecho y si algún día tuvieran la honestidad de cuestionársela, estoy segura que jamás nos compartirán la respuesta... nada, que la igualdad no llega a casa todavía.

"El ex gobernador Pedro Rosselló insistió ayer ante la Organización de Estados Americanos (OEA) que el Gobierno de Estados Unidos viola los derechos humanos de los casi cuatro millones de puertorriqueños que viven en la Isla, a quienes no se les permite votar por el Presidente ni por otros candidatos federales, una prerrogativa que dice deben disfrutar todas las sociedades libres bajo las leyes internacionales.

En una larga réplica a la posición esbozada por el Gobierno federal, Rosselló y su llamado Comité de Asuntos Pendientes de la Democracia Americana le piden a la Comisión Interamericana de Derechos Humanos (CIDH) de la OEA que descarten la solicitud del Gobierno federal de que se archive la querella que radicaron hace 5 años y que, por el contrario, se acabe de aceptar formalmente el caso de Puerto Rico. La moción de 23 páginas pide que bajo las protecciones de la Carta Democrática Interamericana la OEA evalúe y decidan en sus méritos los planteamientos de los puertorriqueños, los cuales dice deben tener su día en corte con una vista pública en la sede de la OEA en la ciudad de Washington, D.C. lo antes posible."

Beatriz de la Torre
El Vocero
2 de junio de 2011

OEA y ONU ¿para qué?

El caso de la descolonización de Puerto Rico llevó a Pedro Rosselló a la Organización de Estados Americanos. Los independentistas hacen lo propio en la Organización de las Naciones Unidas, específicamente en el Comité de Descolonización, donde los países miembros son violadores de derechos humanos, pero ninguno denuncia esto cuando van todos los años.

Si bien es cierto que estas iniciativas ayudan a llevar el issue a discusión pública, la realidad es que poco se logra para solucionar el problema del coloniaje de Puerto Rico porque sólo el Congreso Federal de los Estados Unidos tiene la potestad de resolverlo. No nos engañemos.

Pedro Rosselló acudió a un foro que se supone exista para resolver los problemas de democracia de sus países miembros, utilizó correctamente los mecanismos que existen para avanzar en nuestra lucha, el problema no es la OEA, el problema son sus miembros que tienen otra agenda, conveniente sólo para ellos mismos.

Como todo lo que sucede con referencia a Puerto Rico y su lucha por la estadidad, los intereses particulares de la Patria Grande influencian más que lo que buscan los puertorriqueños. America Latina piensa que Puerto Rico es la pieza que le falta a su rompecabezas, por eso abogan y ningún estadista tendrá la oportunidad de empujar la estadidad para Puerto Rico desde ese foro.

Admiro al exgobernador Pedro Rosselló por esa lucha quijotesca a favor de la estadidad, ningún puertorriqueño debe poner en duda la aportación histórica que él ha lidereado durante su gobernación en el período de 1992 al 2000, con dos plebiscitos y posteriormente en la OEA. ¡Gracias Pedro Rosselló! Algún día lo lograremos a pesar de las piedras de tropiezo que enfrentamos.

That's the bottom line.
The island will drift along
in political limbo until
Boricuas make a clear
decision that Washington
cannot ignore.

The Miami Herald
EDITORIAL
Puerto Rico's political limbo
Jun 16, 2011

Obama, los Puerto Ricans y el ELA

"Mi esperanza es que la gente de Puerto Rico eche hacia delante un proceso justo, que se celebre un plebiscito y haya un mandato claro. El Congreso no va actuar si Puerto Rico se presenta completamente dividido. Si por el contrario envía un mensaje claro y dice 'así queremos que se resuelva este asunto', entonces podemos ir ante el Congreso", indicó Obama en una entrevista con El Nuevo Día durante su visita a San Juan.

Para Barack Hussein Obama es muy fácil decir este simple parrafito para salir del paso en una entrevista. Los puertorriqueños nos debemos preguntar ¿Hay un compromiso genuino de parte de Obama? ¿Hay un compromiso genuino de parte de Alejandro García Padilla? La respuesta es muy clara... NO, no la hay.

Buscar un consenso con los que no piensan igual en un asunto tan neurálgico para los puertorriqueños es verdaderamente una quimera. Nunca va a existir unidad de propósito en un asunto como el estatus.

Esto sólo se resuelve como se resuelven las cosas en una democracia, la mayoría es la que decide con el voto, los estadistas somos la mayoría y ganamos un plebiscito a pesar de lo que otros pretendan analizar.

El presidente Obama le responde a los intereses del PPD, por eso le contesta a END con un parrafito que le será suficiente al periodista para su reportaje pero a los estadistas no nos es suficiente.

¿Debe de haber un compromiso genuino del Presidente y del Congreso Federal luego de celebrarse un plebiscito con resultados claros de cual es la voluntad de los puertorriqueños? En mi opinión, Sí, el problema es que no lo hacen porque siempre existen otros problemas más importantes que resolver y Puerto Rico no es prioridad.

"He tratado de explicar que porque creas en la anexión de Puerto Rico no debes ser enemigo de la cultura puertorriqueña. En el 98, Estados Unidos quería hacer en Puerto Rico lo que estaba haciendo con los indios: imponer el idioma y la cultura a la fuerza. Pero hoy vemos que estados como Nuevo México, Texas o Louisiana preservan su particularidad. No se entiende entonces que aquí haya alcaldes que pongan lo del "Police Department" o lo de "Downtown" o rótulos en inglés. La herencia puertorriqueña no debe ser atacada por los puertorriqueños. Estados Unidos me ha dado muchísimos premios y todos por fortalecer la cultura puertorriqueña."

Ricardo Alegría
Arqueólogo
Fundador del Instituto de
Cultura Puertorriqueña

La politización de la cultura puertorriqueña

Desde que los americanos llegaron a Puerto Rico en el 1898, los defensores de la cultura puertorriqueña, identificados como independentistas, se debaten en un discurso político de defensa de la puertorriqueñidad. Su mayor crítica ha sido la imposición del inglés como segundo idioma y su enseñanza en las escuelas públicas de la isla. La pregunta que les hago a ellos es ¿dejaremos de ser puertorriqueños si hablamos inglés? Obviamente no.

Lo más incongruente de este discurso es que se supone que una persona que posea una formación cultural, hable varios idiomas. Además, la cultura puertorriqueña está politizada y se ha desvirtuado porque ser una persona culta significa que debe tener amplios conocimientos en historia, religión, idiomas, política, arte, buenos modales, moral y ética profesional. ¿Sucede eso en Puerto Rico? No.

¿Han cumplido los defensores de la cultura en lograr un nivel de excelencia educativa en el pueblo puertorriqueño? No. Sólo la han utilizado para politiquear y distorsionar la verdad sobre la Estadidad para Puerto Rico.

Porque los estadistas no nos avergonzamos de ser puertorriqueños ni de nuestra historia y costumbres. Sólo queremos aprender inglés porque entendemos que necesitamos dominar un segundo idioma que nos brinda oportunidades profesionales y nos abre a un mundo de posibilidades y experiencias compartiendo con personas que hablan inglés. No se trata de asimilarnos sino de educarnos correctamente para ser exitosos profesional y culturalmente. La herencia cultural nunca ha sido atacada por los estadistas, todo lo contrario, defendemos lo que don Luis A. Ferré llamó la "Estadidad Jíbara" y por cierto muy ridiculizada por los antiestadistas. ¿Por qué?

"No éramos parte de la fuerza laboral y tampoco éramos artistas y gracias a Ricardo Alegría, Puerto Rico es hoy una potencia artesanal"

Walter Murray Chiesa
Ex-Director de Artes Populares del Instituto de Cultura Puertorriqueña
Al hablar en representación de la comunidad de los artesanos en el entierro de Don Ricardo Alegría

"Al verdadero promotor artesanal se le conocerá exclusivamente por sus hechos, por la conducta y actitudes que haya asumido a través de los años"

"El promotor dedicado promueve una guerra justa que muchos no aprecian ni conocen"

"Portador de buena voluntad que lleva su propia antorcha, la que nunca se apaga, es el que alumbra el camino y quien descubre e inicia la ruta artesanal encendiendo el fuego artesanal por donde quiera que va"

Walter Murray Chiesa
Libro: Crónica Artesanal Puertorriqueña, Apuntes para una historia artesanal de Puerto Rico

La industria de la cultura puertorriqueña

Se buscan promotores y auspiciadores de la Cultura...

En Puerto Rico no hay quien reemplaze a Ricardo Alegría. El periódico El Nuevo Día informa "sin sucesores su abarcadora gestión por la cultura nacional" ¿saben por qué? Porque en Puerto Rico los nacionalistas-independentistas se apropiaron de la cultura puertorriqueña, utilizándola como argumento politiquero, marginando a la mitad del país que es estadista y acusándolos de darle la espalda a la defensa de la cultura en pos de un asimilismo a los Estados Unidos de América, nada más lejos de la verdad.

¿Y ahora qué? La realidad del siglo XXI en Puerto Rico en cuanto al sector artístico-cultural es que el mercado está muerto, los artistas han tenido que emigrar a Nueva York para poder vender sus obras, no hay promotores artesanales que ayuden a los artesanos a mejorar sus ventas, y para los artesanos cuya obra es más artística que artesanal como yo, simplemente no hay oportunidades. Sin embargo vemos a los artistas socialistas en todas las manifestaciones del arte, reseñados por los principales medios de comunicación y son los únicos que guisan.

El arte puertorriqueño no ha alcanzado reconocimiento internacional y la obra de los grandes maestros ha sido falsificada para terminar de lacerar el poco prestigio que pudiéramos tener.

¿Es esto culpa del movimiento estadista? Muchos tendrán la osadía de decir que sí, la culpa es huérfana. Nada, que en Puerto Rico se politiquea mucho en contra de los estadistas, pero en honor a la verdad, hemos hecho mucho más por la cultura, que no se reconozca es otra historia.

"Es, como pueden ver, una estrategia que, desde el punto de vista puramente táctico, tiene sentido. Los muchos que están barriendo el piso con el PPD en estos días a causa de esto, parece que olvidaron la marca de fábrica de ese partido: alzar la mano, palpar la dirección de los vientos y dejarse llevar.

Un día el viento les dijo que persiguieran independentistas, al siguiente que los sedujeran con algunas vagas promesas y ahora que los echen al olvido y comiencen a tirarle besitos a los anexionistas.

Ya veremos qué dice el viento el día después de las elecciones."

El Nuevo Día
24 de julio de 2011

La Veleta del Partido Popular Democrático

Hace tiempo en Puerto Rico las ideologías están definidas y los puertorriqueños saben lo que quieren en cuanto al estatus se refiere, el problema es que el PPD utiliza su agenda electoral para accesar al poder y neutralizar todo avance para resolver este viejo problema. Para tener una idea clara de cual es la realidad boricua este diagrama les explica de que se trata la veleta popular.

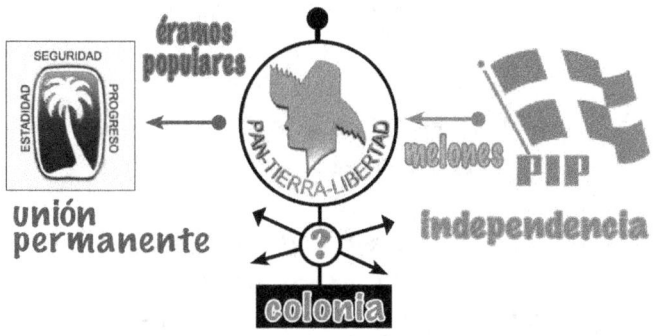

Mientras los melones abandonan su partido para darle un "voto útil" al PPD y así neutralizar al PNP, los populares votan por el PNP para no perder "la unión permanente" que ofrece la estadidad y no garantiza el ELA. Mientras tanto el PPD elección tras elección los enamora para ganar y quedarnos en el "status quo" que tanto criticamos.

Eso es lo que ha pasado en las elecciones del 2012, ganó el PPD y están haciendo todo lo posible para que el resultado del plebiscito no sea reconocido en Washington.

La pregunta que siempre me hago es ¿Ocurrirá el milagro de que les informen en un documento firmado por el Presidente y el Congreso Federal donde diga que el ELA mejorado es una quimera que jamás alcanzarán y que la prensa nacional y estatal sea responsable en publicarlo?

"El Estado Libre Asociado es un status anticuado que realmente no existe en la Constitución de Estados Unidos y yo pienso que la gente en esta isla deben tener la oportunidad de escoger ser un estado, escoger ser independientes. Ciertamente espero que no escojan la independencia, pero creo que el Congreso le debe permitir a los puertorriqueños que tomen esa decisión"

George Pataki
El Vocero
11 de julio de 2011

La naturaleza de un pacto...

Los líderes populares defienden su ELA porque supuestamete es un pacto entre Estados Unidos y Puerto Rico. Han llegado a la barbaridad de decir que es una relación única y que ellos lograrán el ELA Mejorado y con este cuento lo que han logrado es hacer pactos con todos los sectores políticos, profesionales y organizaciones para que les den el voto y gobernar para ellos y no para el pueblo que dicen defender.

Hicieron pactos con el sector socialista prometiendo la limpieza de los terrenos de Vieques entre otras cosas. Hoy vemos como la familia Massol de Casa Pueblo tienen contratos millonarios con el gobierno popular a pesar de que éstos mintieron en la investigación sobre la contaminación en Vieques, además, el gobierno de AGP le entregó el proyecto del Bosque Modelo donde tienen poderes sobre los terrenos privados del centro de la isla.

Hicieron pacto también con el Colegio de Abogados para devolverles sus transacciones para hacer dinero y así financiar la lucha independentista.

Hicieron pacto con los universitarios bajo la promesa de que le iban a eliminar la cuota, hoy les aumentan la matrícula pero los fupistas no dicen nada porque le entregaron la administración de la Universidad del Estado para que ellos hagan lo que quieran con ella. ¿Y la educación de excelencia? Que importa, lo que importa es mantener la cabeza de playa para el Socialismo del Siglo XXI Bolivariano, obviamente con fondos de las becas federales, ah, y fuera el ROTC porque ellos son pacifistas.

Y así por el estilo son muchos los pactos que hace el PPD con la "Sociedad Civil" para que le presten el voto a cambio de mantener cada uno su finquita particular... ¿Y el pueblo? Qué importa, lo importante es el pacto.

*"Educación y propaganda
no es lo mismo, así como
no es igual la política y la
politiquería"*

¿Qué admira de su abuelo?
*"Él fue un hombre de pueblo que nunca cambió la ruta
que se forjó, de que podríamos llegar a ser un estado
de la nación americana. Siempre lo creyó y murió
en su lucha. Murió también con la necesidad de que
todos los puertorriqueños domináramos el inglés,
aunque fuera para responder a cualquier insulto de los
norteamericanos, si fuera necesario".*

*"para conseguir la estadidad no es únicamente
tener una visión de conveniencia económica, de una
dependencia total, sino de una convicción verdadera,
real, de lo que representa ser parte de la nación
americana".*

*"Mientras el Estado Libre Asociado (ELA) esté metido
como alternativa se aleja la estadidad y seguiremos
siendo una colonia porque eso es lo que a muchos les
conviene económicamente. Pero el ELA no resuelve
nada".*

Entrevista a Carmen Barbosa, nieta de José Celso
Barbosa por Yaritza Santiago Caraballo
de El Nuevo Día
Julio 2011

¡Barbosa Vive!

*"Cada niño que se instruye es un ciudadano
consciente de sus derechos."*
José Celso Barbosa

Todo estadista debe conocer el legado de Barbosa. Todo
estadista debe estar consciente que la estadidad no es
solamente ayudas económicas, la nación americana
representa valor y sacrificio para lograr el sueño
americano, significa libertades y defender la democracia.

En Puerto Rico la politiquería y la propaganda ha
dominado la discusión pública y la izquierda ha
distorsionado la historia de la relación del "imperio
Yanqui" con la isla, se impone buscar la verdad.

Si bien es cierto que los Estados Unidos se ha comportado
desde el 1898 como un imperio, también es cierto
que ha permitido que Puerto Rico se desarrolle como
cualquier estado, en mi opinión, esta relación ha sido
muy provechosa para ambas partes y la culminación debe
ser la estadidad, pero los intereses politiqueros todavía
prevalecen, es hora de decir las cosas como son.

¿En qué nos resuelve el Estado Libre Asociado?
¿A quién le conviene? esas son las preguntas que todo
puertorriqueño se debe hacer.

La Estadidad es nuestro norte, no porque tengamos
beneficios económicos, es un estilo de vida, una forma
de vivir y lograr nuestras metas individuales como lo
hizo Barbosa en su época. Es aceptar nuestro destino, sin
complejos por luchas que no fueron nuestras, luchar por
nuestros derechos y la búsqueda de la felicidad según el
sueño americano, y esto no es pitiyanquismo es la realidad
de lo que significa ser patriota. Estudiemos las enseñanzas
de nuestro José Celso Barbosa, el padre de la estadidad.

Según Bhatia, estos donativos eventualmente sí rinden frutos para Puerto Rico. "No se trata de comprar candidatos, pero sí crea unos vínculos", sentenció. "El candidato que recibe un apoyo de alguien siempre queda agradecido. Esa relación vale muchísimo".

El Vocero
4 de agosto 2011
Tumbe a demócratas
azules en la isla
Por: Maricarmen Rivera Sánchez

¡Tumbe a demócratas azules!

Me causa preocupación los donativos que se llevan de aquí para sus campañas. El Partido Demócrata se lleva muchos dólares de Puerto Rico y yo me pregunto ¿El cambio del discurso de Obama en el tema de la estadidad tendrá que ver con los donativos del Partido Popular que obviamente está en contra de la descolonización de Puerto Rico?

Barack Obama vino a hacer campaña a Puerto Rico, habló español, y se reunió con el alto liderato del Partido Popular Democrático. Su mayor contribuyente es Miguel Lausell y otros grandes empresarios populares. No sé, pero me parece que aquí el dinero habla más que el deber y la moral.

¿Debemos dejar que los "grandes interseses populares" que financian candidatos demócratas nos roben la democracia y nos mantengan en un limbo político que nos arrastra a la pobreza y a la quiebra?

"Las cifras oficiales sobre la tasa de pobreza documentan un número existente de familias que no logran acceder a los beneficios sociales, económicos del resto de la población de una manera equitativa. No ha habido mejoría sustancial por lo menos en las últimas décadas"
Jorge Duany
El Vocero - 5 de septiembre 2011 por Carmen Milagros Díaz

Mientras en las altas esferas de la Isla, los ricos se hacen más ricos, los pobres siguen sin oportunidades de superarse con un trabajo digno y obligados a emigrar. ¿Es esto justo para una clase media que lucha por superarse? Yo se que en Washington hay muchos que opinan diferente pero el cabildeo del PPD es muy lucrativo.

¿Es la estadidad prioridad para Barack Obama y el Partido Demócrata? ¡NO! ¿Por qué? *Money talks...*

Entonces Stossel prosiguió a presentar
su caso en defensa del contribuyente
estadounidense: "¿Qué significa ésto para
la terriblemente cara base de la Marina
en la isla de Puerto Rico a 10 millas de
Viequez?" preguntó a Barbara Walters.
Luego respondió su propia pregunta:
"Este lugar ha sido el hogar de miles de
soldados que ayudan a hacer posibles los
bombardeos, poniendo combustible en los
aviones, ofreciendo alimento y cuidado
médico, permitiendo salida de descanso
a los Infantes de Marina. Si no podemos
bombardear más en Viequez, dice el
Almirante Robert Nader, la Marina no
nesecita esta base. Nader es el comandante
de la Flota del Atlántico de la Marina, con
100,000 soldados e Infantes de Marina que
ahora se preparan para luchar en Irak".

Puerto Rico Herald
¿Quieren todo los puertorriqueños?
28 de marzo de 2003

PROGRESISTA - De ideas políticas y
sociales avanzadas enfocadas a la mejora y
adelanto de la sociedad.
WORD REFERENCE

Vieques y la desinformación sobre los estadistas en USA

Vieques fue la "manzana de la discordia", a pesar que la lucha para los viequenses fue justa en un sentido, por otro lado fue una oportunidad para los socialistas cambiar la imágen de los puertorriqueños en el "Mainland", la tormenta perfecta para que en ese momento Rubén Berríos dijera *"Ayer fue Lares, hoy Vieques, mañana Puerto Rico"*.

Vieques polarizó al País, nos dejamos llevar por los sentimentalismos y no por la racionalidad. No fuimos objetivos en ver de lejos el problema y sus posibles soluciones. Lo que colmó la copa fue el motín que se formó cuando la "Marina de Guerra" entregó los terrenos... ¿se acuerdan? Todos vimos con ojos de asombro el odio sarraceno y en un acto de barbarie le cayeron a marronazos a la caseta de la entrada del campamento. La pregunta obligada es ¿Qué beneficio obtuvo Puerto Rico con todo esto? NINGUNO. Sólo benefició a los socialistas.

El Partido Nuevo Progresista tiene que aclarar en Washington porque somos "The New Progressive Party", don Luis A. Ferré fundó el partido bajo una premisa diferente a lo que los republicanos conocen como progresista, allá progresista tiene otra connotación.

Es por eso que Glenn Beck dice *"If I just trusted progressives. With progressives, democratic elections always comes with a trick... The progressives in our country know that this is the moment they've been waiting for; every Marxist daydream they've ever had, now is their time to get it done. They are not going to let it pass. That's what's happening: The fundamental transformation of America. And this is only the beginning."*

What? A los estadistas no nos conviene que nos relacionen con marxistas, somos más republicanos que Glenn Beck.

*"Porque a los puertorriqueños debe darnos
náuseas ese pitiyankismo degradante que
nos lleva a abochornarnos de nuestra
nacionalidad al extremo de sentirnos
incapaces de SER LIBRES como lo que somos:
PUERTORRIQUEÑOS. Y me revuelve el
estómago cada vez que uno de estos pitiyankis
eñangotaos citan el preámbulo de nuestra
constitución colonial"*
Fufi Santori
El Nuevo Día / 17 de septiembre de 2011

Pitiyanqui es un modismo despectivo originario
de Puerto Rico durante la década de los 40
y 50, usado para referirse aquellas personas
que imitan y admiran de forma servil y baja
a los estadounidenses y su estilo de vida,
avergonzándose de su origen y renegando de él. Su
origen viene del francés petit (pequeño) yankee.

Yanquifóbico es un modismo despectivo originario
de Puerto Rico que describe a los independentistas,
nacionalistas, izquierdosos, socialistas, comunistas
y neo-comunistas que viven odiando a los Estados
Unidos y a los estadistas que quieren que Puerto
Rico sea el Estado 51.

Pitiyanquis vs. Yanquifóbicos

Los que ven al yankee como amigo y los que lo ven como el enemigo. Me parece que en el tema del estatus esta es la realidad, quizás haya una tercera tribu, los hipócritas que hablan del enemigo *yankee* con la mano extendida para recibir fondos federales y así poder mantener sus trincheras. De todo hay en la viña del Señor.

No es lo mismo ser libre para un pitiyanqui que para un yankifóbico. La libertad es un tema muy ambiguo que en mi opinión los socialistas tergiverzan, porque hablan de libertad de la patria, que es un mito si los hijos de la patria no son libres como sucede en Cuba y otras naciones soberanas.

¿Cuál es la libertad que importa? La de los indivuduos que con un pasaporte viajan a donde quieran sin visa, sin permiso de salida, sin intervención del gobierno de que pueda salir del país o no, obviamente en suelo americano los acusados de delitos o sospechosos no pueden salir pero eso es caso aparte.

La libertad de decir lo que quieras, de reunirte con quien quieras y profesar la religión que quieras, porque la Constitución te lo permite y te protege.

Los puertorriqueños somos libres desde 1898, nuestra condición colonial nos ha mantenido bajo la soberanía americana pero eso no ha sido obstáculo para nuestro desarrollo como sociedad. Desde 1917 somos ciudadanos americanos con un pasaporte que nos otorga el privilegio de viajar el mundo. En 1952 logramos un gobierno estatal bajo las mismas condiciones que los demás estados de la nación americana y ayudas federales para los pobres.

Sí, prefiero ser estadista, no pitiyanqui, y mucho menos una yanquifóbica malagradecida. ¿Qué te parece Fufi?

PUERTO RICO - THE KINGDOM OF CORPORATE WELFARE AND OFF-SHORE TAX SHELTERS
Governor announces unified front to lobby for new federal tax incentive

(Celebrate the victory of the glorification of corporate welfare and the officialdom of Puerto Rico as the perpetual offshore tax shelter colony in the Caribbean!

US worker... forget about jobs, they are going to foreign countries.

American Tax Payers, ... prepare to pay more taxes to compensate this generous gift to the corporate welfare corporations.

Puerto Ricans, ... forget about statehood or independence. We are coded as a foreign country for these tax purposes... Just think of all this lobbying power in DC making sure PR remains as a foreign country ! And we would owe it all to our '"statehood leaders?")
MJ
Del blog de Miriam Ramírez de Ferrer

¿Colonia contenta? ¿hasta cuándo?

Desde hace mucho tiempo Puerto Rico está en crisis social y económica por muchas razones, la peor es la mediocridad y la dejadez de un pueblo que no se siente comprometido con el bienestar de la isla por una falta total de incentivos, mientras los que manejan las grandes empresas y bonistas poco le importa la crisis social a la que nos arrastran. ¿Quién coge ese toro por los cuernos?

El Departamento de Educación Federal supervisa al estatal por el desmadre que hay gracias a los empleados de esa agencia y los maestros están preocupados por su retiro.

El Departamento de Justicia Federal supervisa a la Policía de Puerto Rico por abusos con un monitor pagado con fondos públicos a razón de $190,000 anuales.

La Autoridad de Energía Eléctrica factura la electricidad más cara de todo Estados Unidos y no se habla de privatización ni de otras fuentes de energía renovable protegiendo al Cartel del Petróleo.

Taza de Desempleo 16.4% promedio, gracias a la falta de atención de los pasados gobernadores Aníbal Acevedo Vilá y Sila Calderón y excesos en impuestos.

Pocas oportunidades para los jóvenes recién graduados de universidades con grandes sueños de integrarse a la economía del país, obligados a mudarse para conseguir un empleo digno o trabajar en empleos diferente a su carrera.

Desde los servicios hasta la comida todo en Puerto Rico es caro porque todas las alzas las pagan los consumidores.

¿Colonia contenta? ¿Alguien cree esto? Esto lo único que lo salva es un cambio de estatus y de mentalidad colectiva hacia la estadidad. El pueblo exige cambios.

"We agree that Puerto Rico is not Greece. Puerto Rico has a fiscal union with the United States and this lessens the effects of any crisis. However, today, what used to be the U.S. fiscal largesse with Puerto Rico is fading fast and this will not change anytime soon. Puerto Rico has to recreate itself within the United States, perhaps as a state, or get its independence from the United States. Lamentably for my "populares" friends the Commonwealth has outlived its useful life. It is time for change."

Eugenio J. Alemán, Senior Economist
Wells Fargo Securities, LLC Economics Group

"Crucial to understanding federalism in modern day America is the concept of mobility, or 'the ability to vote with your feet.' If you don't support the death penalty and citizens packing a pistol - don't come to Texas. If you don't like medicinal marijuana and gay marriage, don't move to California."

Rick Perry
Former Governor of Texas

Federalismo

Soy estadista por convicción, me he dedicado a estudiar en que consiste la estadidad y como funcionan los Estados Unidos en relación a sus estados, por eso, no acepto, las teorías yanquifóbicas, si el sistema federalista le ha servido muy bien a 50 estados... ¿Por qué no le va a funcionar a Puerto Rico? La pregunta es muy sencilla pero ningún antiestadista la quiere contestar, y quienes lo hacen recurren al falso patriotismo y cuestiones culturales que nada tienen que ver con el Federalismo.

A pesar de las limitaciones de los estados, la Enmienda Diez de la Constitución declara que los estados retienen todos los poderes que no se otorgan al gobierno federal: "Los poderes que la Constitución no delega a los Estados Unidos ni prohíbe a los Estados Unidos, quedan reservados a los Estados respectivamente o al pueblo". Los estados son responsables de tramitar los siguientes asuntos:
* *Reglamentar en lo relativo a la propiedad.*
* *Educar a sus residentes.*
* *Poner en práctica programas de bienestar social y distribución de asistencia pública.*
* *Proteger la población local contra amenazas.*
* *Mantener un sistema de justicia estatal.*
* *Establecer gobiernos locales.*
* *Mantener las vías públicas estatales y administrar las rutas locales de tránsito.*
* *Regular la industria.*
* *Recaudar fondos para actividades del estado.*
Fuente: usembassy.org.

Obviamente la estadidad no es la panacea ni la varita mágica que resolverá nuestros problemas, pero lo cierto es que bajo un gobierno balanceado y de igualdad para todos es más posible que los problemas se resuelvan más eficientemente debido a la participación de todas las partes, bajo un sistema de ley y orden donde los derechos de unos terminan donde comienzan los de los demás.

Para el gobernador Luis Fortuño, el informe del 'task force' de Casa Blanca rompe con el mito del Estado Libre Asociado (ELA) mejorado y valida el trabajo que realizan junto al gobierno federal.

"Dice (el informe) que aunque se pueden hacer arreglos, el ELA mejorado en Puerto Rico no es viable y posible bajo el esquema constitucional de Estados Unidos", sostuvo el Gobernador.

Yamilet Millán Rodriguez
EL VOCERO
marzo 17, 2011

*Los opositores
de la Estadidad...
con nombre y
apellido, porque
hay que tirarlos
al medio para
que no sigan
engañando...*

*El plebiscito no le sirve al pueblo, es
un invento de las tres tristes tribus
para su sobrevivencia política. Al
PNP le conviene porque la maltrecha
imagen del gobernador Fortuño
necesita algo que desvíe la atención
de la ciudadanía del desastre que ha
sido su administración y qué mejor
salvavidas que activar la ideología que
mantiene unida a esa colectividad en
la fantasía de la estadidad. Fortuño
apuesta a que el rechazo al status
actual, cuya estructura económica ha
colapsado, le dará ese respiro político
que urgentemente necesita.*

SILVERIO PÉREZ
11 Octubre 2011
El Nuevo Día
Las tres tristes tribus 2011

Las Tres Tribus

En Puerto Rico estamos divididos en tres tribus, los penepés representados por el Partido Nuevo Progresista, los populares representados por el Partido Popular Democrático y los socialistas representados por el Partido Independentista Puertorriqueño.

Además de esto existen los realengos plumitas liberales que a veces son colonialistas y otras veces soberanistas, se identifican también como melones. Todo depende de a donde sople el viento para aprovecharse, coger votitos y salir electos. En ese combo están varios líderes en el PPD que llevan una lucha interna para desplazar a los colonialistas rafaelistas que quieren seguir con la colonia del ELA, ellos no se quejan mucho porque los ayudan a ganar elecciones como pasó en el 2012 que lograron derrotar a Luis Fortuño por 11,000 votos aproximadamente..

En el siglo XXI se añadieron los partidos emergentes con sus socialistas comefuego, el PIP cada día tiene menos integrantes que se han mudado para el MUS (Movimiento Unión Soberanista), el PPT (Partido Puertorriqueño de los Trabajadores) y el PPR (Puertorriqueños por Puerto Rico) que pretenden arrastrar gente de todo los partidos y por eso no se define ideológicamente. Todos buscan el fondo electoral para tratar de convencer a los boricuas de que el socialismo es lo mejor del mundo.

Pero seguimos siendo tres tribus, los estadistas representados por el PNP, los colonialistas por el PPD y los socialistas repartidos por el resto de los partidos que son el PIP, PPT, MUS y PPR según su grado extremo. Sólo el PNP defiende la estadidad y esto obviamente nos tiene en una guerra de todos contra uno. Y dentro de esas otras dos tribus están los enemigos que voy a tirar al medio con nombre y apellido. No se ofendan.

Hoy le pido a Dios que un día
la bandera de Puerto Rico
ondee a la par con todas las
demás banderas de los países
del mundo porque Dios ha
creado a cada persona y a cada
pueblo a vivir plenamente
libres, en mutuo respeto y en
mutua solidaridad.

MENSAJE-ORACION EN ACTO DE IZAR
BANDERA DE PUERTO RICO
EN EL ATENEO DE PUERTO RICO
POR ROBERTO OCTAVIO GONZÁLEZ
NIEVES, OFM
ARZOBISPO METROPOLITANO DE SAN
JUAN DE PUERTO RICO
DOMINGO 22 DE DICIEMBRE DE 2013

Publicado:
jueves, 26 de diciembre de 2013
en Claridad

Iglesias, sus Monseñores y Pastores

No hay duda que este monseñor católico Roberto González Nieves ha sido un defensor de la independencia de Puerto Rico. Estuvo en Vieques junto a Rubén Berríos, es el protagonista de todas las actividades pro independencia para que les de la bendición y hasta en la Catedral de San Juan construyó el Altar a la Patria.

Pero él no es el único dentro de la Iglesia Católica en Puerto Rico está Padre Pedro, Monseñor González de Caguas, Monseñor Corrada y otros tantos no muy reconocidos. También los evangélicos tienen sus pastores como el Reverendo Wilfredo Estrada.

El comunismo, luego de la caída del Muro de Berlín en Europa y con las dictaduras ateas como la de Cuba, perdieron respaldo. Cuba por más que arrinconó a los católicos expulsando a los curas y monjas cuando ganó la revolución, además de cerrar y saquear las propiedades de colegios, el Vaticano negoció el que se le devuelvan en cambio de no condenar la dictadura castrista, y el Papa Francisco se prestó para esta patraña.

En el siglo XXI se reinventan para convencer a los cristianos de que Jesuscristo era revolucionario y marxista. Así lo gritó Hugo Chávez y hoy Venezuela tiene en sus barrios pobres chavistas, murales con imágenes de Jesus y la Virgen de Coromoto cargando fusiles y ristras de balas al estilo Pancho Villa junto a personajes como el Che, Bolívar, el mismo Chávez y los chavistas encapuchados.

Con razón Carl Marx dijo que la religión es el opio de los pueblos. No es lo mismo ser un comunista cristiano que la libertad de profesar la religión que más cómodo te haga sentir, total, la salvación es indivividual.

En la extensa conversación sobre este mundo cibernético hablamos lo negativo que se origina en la red y del hecho de que muchos en la Prensa caen en el error de creer ciegamente en Twitter o en otras redes sociales sin corroborar la información. Esto es especialmente peligroso en Puerto Rico porque los grupos y partidos políticos han tomado las redes sociales como su nuevo frente de batalla. Y en esta campaña está ganando el Partido Nuevo Progresista, por ahora.

Receta para el Twitter boricua
Sandra D. Rodríguez Cotto
Analista, relacionista y periodista
23 de octubre de 2013
Columnas, Opinión – El Vocero

La Prensa y/o los relacionistas públicos

Los Clubes de Prensa y de Relacionistas Públicos junto a los mogules mediáticos de prensa escrita, obvio no pensar en el Grupo Ferré-Rangel, televisión y radio han logrado bloquear los avances y fiscalización que hacen los líderes del PNP y el movimiento estadista, obligándolos a recurrir a las redes sociales y programas de analistas como el de Kike Cruz, Cucusa en Noti-Uno, Luis Dávila Colón en Univisión Radio y WAPA Radio, para poder informar al pueblo las barbaridades que cometen los gobiernos del PPD en contra del pueblo y obviamente los estadistas.

A esto se han añadido los blogueros como yo, que investigan que pasa en el resto del mundo, en los Estados Unidos y en Puerto Rico acerca de todos los temas políticos que afectan la democracia y la justicia para denunciarlos.

Periodistas como Rafael Lenin López, Sandra Rodríguez Cotto, Wilda Rodríguez, Roberto Cortés Chico, Benjamín Torres Gotay, Rubén Sánchez, Ojeda, Normando Valentín, Oscar Serrano (el de la Pensión Cadillac), Jay Fonseca y muchos otros son los que nos pretenden dar lecciones de que se debe informar en las redes sociales cuando ellos son los primeros que censuran, manipulan, desinforman, tergiversan y ocultan lo que se debe o no publicar para siempre favorecer a sus propios intereses ideológicos.

A pesar de lo que puedan decir, su credibilidad está en entredicho porque carecen del balance necesario para informar las dos caras de la moneda que existe en toda historia en el periodismo. Las denuncias de persecusión y desprestigio desde las salas de redacción han sido temas de libros como el de Pedro Rosselló (El Triunvirato del Terror) y el de Luis Dávila Colón (La Dictadura de la Prensa). Recuerden, nadie tiene el monopolio de la verdad.

"Algunas actitudes de los dos partidos puertorriqueños que han dominado el escenario político desde mediados del siglo XX son cónsonas con las actitudes de gobiernos dictatoriales como los de Trujillo, Batista, Somoza y Pinochet, y están muy lejos de las actitudes de Thomas Jefferson, Benjamín Franklin y James Madison, fundadores de Estados Unidos, quienes resaltaban el principio sagrado del respeto ineludible al valor de la expresión individual y de la libertad de prensa."

Angel Collado Schwarz
Actitudes Antiamericanas
El Nuevo Día
29 de junio de 2012

Historiadores con actitudes antiamericanas

De todos los historiadores puertorriqueños tengo que señalar a Angel Collado Schwarz porque ha sido, el más que cae en contradicciones. Claro, este señor, fundador del Movimiento Unión Soberanista (MUS) partido cuya cúpula política es socialista y que nos vende a Singapur como un modelo económico a seguir, pretende acomodar los hechos de la historia puertorriqueña y americana ocultando la verdad histórica del movimiento estadista y la relación de 114 años del Commonwealth of Puerto Rico con USA.

Collado se abraza a la democracia norteamericana para defender su derecho a la libre expresión para distorsionar la historia, como si esto se tratara sólo de dictadores, critica la utilidad de los partidos políticos que son indispensables en el juego político en una democracia, no creen en el capitalismo que etiquetan con el adjetivo de "salvaje" — aunque viven en la opulencia — para diabolizar la única fórmula económica que garantiza empleos bien remunerados y libre mercado, un liberalismo muy necesario y muy criticado por la izquierda en su discurso desgastado de la lucha de clases donde supuestamente el rico oprime al pobre. Irónicamente hablan de libertad pero se oponen al liberalismo económico que permite a los pobres superarse en el sueño americano y por el contrario admiran dictaduras económicas.

Los individuos que dentro de un aura de intelectualidad tratan de acomodar la historia con el más extremista discurso político de cualquier partido, en este caso Collado Schwarz, son un problema porque se identifica como "historiador". Me atrevo a decir que no documenta la historia, la convierten en propaganda embrutecedora con la más vil intención de confundir a los puertorriqueños que no están claros en que es lo que quieren con el estatus.

¿Por qué un partido? Porque actúa con funcionarios de base desde las comunidades, que incluso se reúnen tipo comités de barrio de los partidos políticos tradicionales; tiene propuestas en las áreas de educación, salud, seguridad, familia, economía y ambiente; y ya generó toda una campaña publicitaria con slogans atractivos que hablan de transformación y de crear 'un nuevo país'.

Partido Agenda Ciudadana
Sandra D. Rodríguez Cotto
Relacionista profesional y analista
El Vocero
10 de febrero de 2014

Historiadores con actitudes antiamericanas

De todos los historiadores puertorriqueños tengo que señalar a Angel Collado Schwarz porque ha sido, el más que cae en contradicciones. Claro, este señor, fundador del Movimiento Unión Soberanista (MUS) partido cuya cúpula política es socialista y que nos vende a Singapur como un modelo económico a seguir, pretende acomodar los hechos de la historia puertorriqueña y americana ocultando la verdad histórica del movimiento estadista y la relación de 114 años del Commonwealth of Puerto Rico con USA.

Collado se abraza a la democracia norteamericana para defender su derecho a la libre expresión para distorsionar la historia, como si esto se tratara sólo de dictadores, critica la utilidad de los partidos políticos que son indispensables en el juego político en una democracia, no creen en el capitalismo que etiquetan con el adjetivo de "salvaje" — aunque viven en la opulencia — para diabolizar la única fórmula económica que garantiza empleos bien remunerados y libre mercado, un liberalismo muy necesario y muy criticado por la izquierda en su discurso desgastado de la lucha de clases donde supuestamente el rico oprime al pobre. Irónicamente hablan de libertad pero se oponen al liberalismo económico que permite a los pobres superarse en el sueño americano y por el contrario admiran dictaduras económicas.

Los individuos que dentro de un aura de intelectualidad tratan de acomodar la historia con el más extremista discurso político de cualquier partido, en este caso Collado Schwarz, son un problema porque se identifica como "historiador". Me atrevo a decir que no documenta la historia, la convierten en propaganda embrutecedora con la más vil intención de confundir a los puertorriqueños que no están claros en que es lo que quieren con el estatus.

¿Por qué un partido? Porque actúa con funcionarios de base desde las comunidades, que incluso se reúnen tipo comités de barrio de los partidos políticos tradicionales; tiene propuestas en las áreas de educación, salud, seguridad, familia, economía y ambiente; y ya generó toda una campaña publicitaria con slogans atractivos que hablan de transformación y de crear 'un nuevo país'.

Partido Agenda Ciudadana
Sandra D. Rodríguez Cotto
Relacionista profesional y analista
El Vocero
10 de febrero de 2014

Partido Agenda Ciudadana

El día que se publicó la columna de Sandra comenté:
Quien no conoce la historia está condenado a repetirla. El
buscar un tercer partido es el inicio hacia un totalitarismo
maquillado de democracia participativa. La experiencia de
América Latina ha sido esa y han terminado en dictaduras.
Que pena que la prensa y relacionistas públicos se presten
para esta patraña engañando a un pueblo que busca
soluciones desesperadamente. Crearon el caos y ahora se
proyectan como los que solucionarán el problema fiscal de
PR. No me sorprende, ya el libreto está escrito.

La historia de América Latina es clara...

Hugo Chávez ganó las elecciones presidenciales con un
partido llamado Movimiento Quinta República que fundó
en 1997.

Rafael Correa con Alianza País en el 2006, el nombre
completo es Alianza Patria Altiva y Soberana. Durante la
campaña, Correa propuso una asamblea constituyente que
redactara una nueva constitución del Ecuador.

Evo Morales fue uno de los fundadores del Movimiento al
Socialismo (MAS) que encabezó las protestas de octubre
de 2003 que desalojaron del poder a Gonzalo Sánchez de
Lozada.

Estos tres ejemplos son suficientes para sostener la teoría
que tengo razón en decir que un tercer partido ofreciendo
un nuevo país respaldado por personas que no son
estadistas es una manera de lograr la independencia y
sabotear el deseo de la mayoría de los puertorriqueños que
no quieren perder su ciudadanía y los privilegios que les
ofrece los Estados Unidos de América. Para mí ya la rueda
está inventada y nada hay nuevo bajo el sol, el que crea
que la historia no se repite es "naive".

Para el director de campaña del Partido Nuevo Progresista (PNP), Ángel Cintrón, es inmoral que el Partido Popular Democrático (PPD) respalde a varias uniones que quieren contribuir dinero a las campañas políticas de cara a las elecciones de noviembre. Varias uniones radicaron una moción en el Tribunal Federal solicitando se les permita contribuir.

Robo a los obreros
6 de julio de 2012
Por Maricarmen Rivera Sánchez
EL VOCERO
En pacto ilegítimo con varios sindicatos, el PPD pretende usar dinero de los unionados para su campaña sin el OK de éstos.

Uniones Obreras = partidos políticos de izquierda, sin inscribir

¿ROBO A LA DEMOCRACIA? Luego de engañar a los puertorriqueños con el Estado Libre Asociado como lo mejor de dos mundos hacia un ELA Mejorado inprobable, luego de crear la atmósfera perfecta para desprestigiar al PNP con todo tipo de insultos y teorías de conspiración, el PPD utiliza a los obreros para sacarle dinero y el voto. ¡Qué vergüenza!

En la política no es nuevo, tampoco son los pioneros en hacerlo. Las uniones obreras toda la vida han sido partidos políticos sin inscribir y se mueven en base a los intereses de los que las dirigen, la mayoría de las veces muy beneficiosa para la izquierda, sin embargo LULAC siempre ha estado en la mirilla de las críticas por respaldar la Estadidad para Puerto Rico.

Texto de la 1ra Enmienda
Constitución Estados Unidos
El Congreso no hará ley alguna con respecto a la adopción de una religión o prohibiendo el libre ejercicio de dichas actividades; o que coarte la libertad de expresión o de la prensa, o el derecho del pueblo para reunirse pacíficamente, y para solicitar al gobierno la reparación de agravios.

Si bien es cierto que en un principio las uniones obreras fueron necesarias para defender los derechos de los trabajadores en los Estados Unidos, también es muy cierto que a lo largo de la historia la izquierda marxista las utilizó como instrumento para establecer su comunismo en la Rusia de Lenin y su revolución del proletariado.

Nunca olvidemos que el socialismo es el proyecto histórico de la clase obrera. Los unionados estadistas no tienen nada que buscar con esta gente, espero lo entiendan.

Si Calle 13 fuera estadista...

¡Coño despierta boricua, oye boricua
y ven a buscarme a Lares!...
Oye boricua yo te canto esta canción...
viva la patria, viva la revolución
Andrés Jiménez, El Jíbaro

Imaginemos que René Pérez levantara su voz de protesta para pedir la estadidad para Puerto Rico, ¿tendría ese efecto embriagante y alucinante en el público?

Si en su camiseta expusiera una bandera americana y la frase ¡Estadidad Ahora! ¿Cómo reaccionaría El Nuevo Día y la prensa internacional?

Si expusiera otra camiseta diciendo "Luis Fortuño mejor artista pop" ¿estaría sus fotos en todos los medio de comunicación?

Si en su discurso recibiendo los numerosos Grammys que se ganó dijera ¡Viva los Estados Unidos de América! Allá lo verían con los mismos ojos ¿que diría Hugo Chávez?

Me pregunto todo esto porque me resulta sorprendente como un grupo que reniega y critica tanto al imperio yanqui, se pasee por todos los escenarios de los Estados Unidos haciéndole propaganda a Hugo Chávez, el enemigo público #1 de Estados Unidos en Latinoamérica y la gente lo aplauda delirantemente.

Marilou Rivera
2 de diciembre de 2011

¿Dónde están los Artistas Estadistas?

El caso de Marc Anthony en las pasadas elecciones, por respaldar a Luis Fortuño y presentarlo en el cierre de campaña es el mejor ejemplo de como funcionan los anti-penepés. La prensa socialista de El Nuevo Día enseguida publicó su descontento, los demás artistas callan y otorgan.

Por otro lado, Calle 13 endosó a sus candidatos socialistas, Alejandro García Padilla se paseó por Plaza Las Américas con El Topo y en el MUS los artistas se desbordan en respaldarlos, pero que no se atreva ningún artista a respaldar a un penepé. ¿No es esto una manera de represión e intimidación de perder sus fans por sus creencias políticas? ¡Esto no se debe permitir jamás! pero los artistas que simpatizan con el PNP y son estadistas no tienen la valentía de decir lo que creen y defenderlo y eso los socialistas lo saben y por eso los intimidan criticándolos.

Como artista me cuestiono ¿Por qué los artistas izquierdosos se identifican, se posicionan, montan su tinglado y después le salen al paso a los artistas conservadores, los atacan, ridiculizan y cuestionan sus habilidades e inteligencia? Estoy segura que no soy la única que se hace la misma pregunta. Lo peor de todo es que son muy pocos los artistas que se identifican como estadistas, conservadores, penepés o republicanos porque sus carreras se afectan. ¿Es esto justo? NO

Agradezco profundamente a Olga Tañón que tuvo la valentía de decirle a Jorge Ramos de Univisión que apoya la Estadidad. Ha sido la única. Aprendamos de ella, callando no se honra la libertad de expresión.

Cabe preguntarse ¿Qué representa El Guitarreño? Un jíbaro estadista bruto y burdo o una manera de ridiculizar a un estadista. Todavía para mí es un enigma sin descifrar.

"Es mi único problema. Yo estoy seguro de que hay que hacer cosas en la Universidad, sé que hay que cortar contratos de gente que no son profesores y están allí guisando. Yo no creo que hay que cortar todos los contratos, hacen falta asesores. Pero el punto de decir ahora todo está bien lo estamos bregando, cuando antes incitaban a irnos a correr y vámonos con Roy Brown para que nos canten la canción y el Míster con macana y vamos pa'lante... debe ser difícil para ti Manuel porque yo no le puse una lata de comida de perro a la Policía de Puerto Rico... sí, usted estuvo allí".

Senador Carmelo Ríos

"Yo creo que ahí el senador ha resumido todos los estereotipos que existen con la Universidad... Yo lo siento, yo lo siento. Usted es un irresponsable como senador, usted es un irresponsable como legislador, usted es un irresponsable como licenciado... Eres un irresponsable, Carmelo, y de ti, de ti jamás y nunca hubiese esperado algo así. Estás mal tú, estás mal tú porque por esas cosas hemos recibido amenazas contra mí y contra mi familia"

Representante Manuel Natal

4 de marzo de 2014
El Nuevo Día
Manuel Natal y Carmelo Ríos protagonizan fuerte altercado en vivo. Se produjo mientras el panel analizaba la situación en UPR.

La Universidad de Puerto Rico

¿Quiénes dirigen las universidades en Puerto Rico? Una buena pregunta porque sabemos que la educación pública en Puerto Rico está dirigida por la izquierda y la élite colonial, muy hermética y exclusiva.

La UPR es la encubadora de comunistas por excelencia y de ahí es que salen para destruir al país. No hay nada constructivo que haya trascendido de esa institución. Lo peor de todo es que se creen muy intelectuales... *yeah right!* Lo que salen son comunistas funcionales gracias a los profesores y la FUPI, claro con algunas excepciones, no todos se contaminan.

Si yo estuviera equivocada, Río Piedras sería la ciudad del futuro y por el contrario, es un lugar donde las drogas, alcoholismo, delincuencia, anarquía, atraso y tercermundismo florece convirtiéndose en un *ghetto* peor que cualquier favela latinoamericana. Sí porque si comparáramos a Río Piedras con Boston y otras ciudades universitarias, ya saben lo que hay.

Para los comunistas, cuando el PNP interviene en su universidad, es intromisión indebida pero ellos se inmiscuyen, critican, hacen golpes de estado, asesinan reputaciones, se trepan en grúas, hacen desobediencia civil, huelgas, marchas, motines, le ponen comida de perros a la policía, se parapetan en la universidad, destruyen propiedad pública, cometen bullying, insultan, se encapuchan para romper vehículos, atacan echándole agua y jalándole el pelo a una rectora, hacen convocatorias de anarquistas en fin, han convertido la UPR en ingobernable.

Es por eso que no hay una universidad puertorriqueña entre las primeras del mundo, mucho menos se habla de Federalismo y lo que significan los conceptos libertad, libre mercado y democracia que defendemos los estadistas.

El robo de la democracia,
la violación de derechos civiles
y el hurto de la libre determinación,
son delitos constitucionales que dan
base al residenciamiento y a múltiples y
billonarios pleitos de clase por violación
de derechos civiles.
Siéntanse emplazados. Debidamente
apercibidos, debidamente advertidos...

LUIS DAVILA COLON
El Vocero
23 de noviembre de 2012
El robo prebliscitario

Eso sí. Sepan los 'bullies', que podrán
carpetearnos y perseguirnos, pero jamás
podrán detenernos, ni destruirnos.
No nos intimidarán.

Luis Davila Colon
El Azote
27 de enero de 2013

Los "Bullies" y los enemigos de la democracia

¿Quiénes son? Están en todos lados. ¿Lograrán intimidarnos? No.

Estoy segura que tratarán, son muchos los que harán su escaramuza de todas las formas posibles, me puedo imaginar como correrá el billete desde Puerto Rico y fuera de este y no me extrañaría que hasta los presidentes bolivarianos también contribuyan a la causa independentista por aquello de la solidaridad de la Patria Grande.

Será una batalla que los estadistas tienen que estar dispuestos a enfrentar, no se puede descartar que vendrá otra consulta y esta será una campaña muy violenta porque los antiestadistas saben que se les va la vida si pierden, tratarán de lograr la independencia promoviendo el voto a la libre asociación, ellos asumen que son más los que no quieren la estadidad.

Vamos, echen pa'lante los lobos vestidos de oveja como el MINH de Julio Muriente con su hablar flemático y pastoso, los renegados Fufi Santori y Wilda Rodríguez de la vida con sus burlas, los colonialistas como los Hernández Mayoral, Eduardo Bhatia, Perelló y AGaPito con su discurso cantinflesco, los soberanistas con su grito de guerra "revolutzionario", vamos a ver hasta donde son capaces de llegar para frenar la estadidad.

Eso sí, tengan la descencia y la valentía de admitir que perdieron esta batalla, sean honestos con su conciencia. ¿De qué les vale negar lo innegable? Yo sé que les resulta muy difícil admitir que los "brutos estadistas" ganaron, pero lamentablemente, para ustedes, ni somos tan brutos ni nos vamos a dejar intimidar. Los estadistas estamos dispuestos también a dar la batalla en otra consulta que espero no le encuentren faltas si no les favorecen los resultados, aunque juzgándolos como han actuado hasta ahora, seguirán en el mismo "fronteo bully" de siempre.

Si las mujeres americanas, durante las décadas de los '20 y '30, también hubieran tenido una actitud tímida y acomplejada al reclamar la Igualdad de su derecho al voto todavía estarían impedidas de votar en las elecciones; como se les negó votar durante siglos. Michelle Obama no hubiera podido votar por su marido. Laura Bush, tampoco.

Siempre he dicho que la virtud de la democracia en los Estados Unidos no es la ausencia de discrimen. Claro que hubo y hay prejuiciados que discriminan; como también los hay aquí y en todas partes del mundo.

Thomas Rivera Schatz
29 de mayo de 2014
El Vocero
Hay Solución y Esperanza (IV)

Feministas y supuestos defensores de derechos humanos

En Puerto Rico, las feministas y los supuestos defensores de derechos humanos son socialistas, creen en la independencia para Puerto Rico. Por consiguiente son opositores de la estadidad y a la menor provocación forman una protesta si algún líder penepé osa decir algo que huela a discrimen contra sus causas, muy políticas por cierto. Se esconden detrás de causas simpáticas que los ayudan a penetrar audiencias que si fueran honestos no los lograrían convencer.

Las he tirado al medio en mi blog, por atacar sin sentido al movimiento estadista, entre las más reconocidas están Katherine Agueira y Norma Valle Ferrer. En el caso de Mrs. K por tratarme mal en la página de El Azote. A doña Norma por tratar de defender a Hugo Chávez como un hombre que respetó a las mujeres, una gran mentira, era un macharrán y si bien es cierto que de los muertos no se habla mal, este dictador no tenía muchas cualidades como para hablar bien sobre sus hazañas de corrupción, pillaje, mezquindad y lo peor de todo, falta de respeto craso a la mujer venezolana.

A los supuestos defensores de derechos humanos como Pedro Julio Serrano y Francisco El Jimagua, digo supuestos, porque solo defienden los derechos de los gays y no es lo mismo. PJS es socialista, lo ha admitido públicamente y El Jimagua lleva una campañita abusiva contra Wanda Rolón, hasta la imita y gana dinero por hacerlo. ¿Es eso defender derechos humanos? NO.

Por esto y muchas cosas más, en Puerto Rico no existe ningún movimiento genuino de derechos humanos y feminista, simplemente porque excluyen a las mujeres estadistas y no se solidarizan con ninguna que ose admitir publicamente que lo es y haya sido discriminada. A la hora de la verdad todos estos grupos se unen para oponerse a la Estadidad y nunca cumplen con defender los derechos de nadie.

El comisionado residente Pedro Pierluisi, fue enfático en establecer que "no somos un narcoestado", ya que el narcotráfico no controla al Gobierno; al contrario las autoridades de ley y orden luchan contra el crimen relacionado al trasiego de drogas.

El Vocero
12 de diciembre de 2011

Los narcos y los malandrines

Durante la campaña del referendum celebrado en agosto de 2012 propuesto por Luis Fortuño y que trataba sobre negarle a los delincuentes habituales el derecho a fianza, el Colegio de Abogados junto a los narcos, asesinos y delincuentes y en alianza con los partidos de izquierda votaron para derrotarla bajo una campaña llena de mentiras. La campaña en contra se basó en que le quitaban derechos a los pobres, nada más lejos de la verdad porque en el narcotráfico corre el billete y el narco que no tenga un "cojín" para costear su defensa es un estúpido. Cuando ganaron se fueron a celebrar a la cede del Colegio en Miramar y me pregunto ¿a celebrar qué? ¿Sirvió para mejorar la criminalidad?

Debemos tener muy claro que los abogados criminalistas cobran muy bien por sus buenos oficios de defender a sus clientes, eso no es ilegal, lo que sí es, es sobornar jueces y fiscales y eso es lo que está investigando el FBI ahora. La corrupción judicial existe en Puerto Rico. Por eso la Rama Judicial la controla el PPD y los abogados estadistas, que son muchos, cabildearon para que bajo el PNP se eliminara la colegiación compulsoria. Por otro lado se abstienen en denunciar la corrupción por temor a perder su capacidad de defender a sus clientes sin que sus posturas públicas los afecten. Todo el mundo sabe que existe pero nadie se atreve a denunciarla por temor a represalias como le pasó a las escoltas que denunciaron al Juez Presidente del Supremo, Federico Hernández Denton y que el Senado no pudo investigar.

¿Es esto democracia y libertad? Claro que no, por eso se oponen a la estadidad. Para no tener un gobierno federal que "les respire en el hombro". Tan sencillo como eso y las cosas como son. La colonia o la república le conviene a los narcos, después que se fue la Marina de Vieques y de Roosevelt Roads, el estrecho entre Vieques y la Isla Grande se convirtió en "el peaje" para llegar a Europa y Puerto Rico puente para llegar a Estados Unidos desde Venezuela. Y a la Policía de Puerto Rico, bajo administraciones populares, no le gusta cooperar con las agencias federales.

*Para el PPD enderezar la confusión y
la mentira que rodea el plebiscito del
2012, para corregir el récord histórico y
eliminar todo reclamo que puedan hacer
los estadoístas sobre sus resultados,
tiene que legislar una consulta nueva
cuya imparcialidad y transparencia sean
irrefutables, incuestionables. No sólo para
los puertorriqueños, sino para el Congreso
que es adonde el PNP llevaría un reclamo de
admisión.*

*Sería gran error del PPD legislar procesos
raros y "embelequeados", creyendo que los
camufla poniéndoles nombres de procesos
reconocidos. Eso daría base al PNP para
cuestionar el proceso y salirse con la suya.*

José Alfredo Hernández Mayoral
31 de mayo de 2014
El Nuevo Día
Columna: La carta y la demanda

Los colonialistas

El Partido Popular Democrático le niega a los estadistas el reconocimiento de que prevalecimos en el pasado plebiscito. Que los puertorriqueños le retiramos el consentimiento a la colonia y que preferimos la Estadidad como opción final para resolver el estatus de Puerto Rico. Pero ese mismo día ganó el PPD la gobernación para administrar la colonia, tan legítima fue la elección como la consulta plebiscitaria.

No comforme con eso, los colonialistas dirigidos por la familia de Rafael Hernández Colón nos amenazan con borrar de la historia política de Puerto Rico, los resultados de esa consulta de estatus que fue aceptada como legítima en el Congreso federal donde actualmente hay dos piezas legislativas sobre el estatus.

El HR-2000 presentada por Pedro Pierluisi, tiene el apoyo de 131 co-auspiciadores, al momento de escribir estas líneas y en el Senado el S.2020 fue presentado por Martin Heinrich, demócrata por el estado de Nuevo México y Ron Wyden, también demócrata por el estado de Oregon. Ambos proyectos esperan por ser discutidos en los cuerpos para convertirlos en ley. Pero el PPD a través de la Oficina de PRFAA cuya administración de las oficinas en Washington y Orlando controlan la familia Hernández Colón-Mayoral pagan cabilderos, entre ellos el reconocido Charlie Black, para frenar estos proyectos de estatus en el Congreso, acción que es ilegal. Es por esta razón que el PNP demanda al gobernador Alejandro García Padilla, Juan Eugenio Hernández Mayoral y a la Administración de Asuntos Federales de Puerto Rico (PRFFA) (Civil Núm: KAC13-0542 A) Tribunal de Primera Instancia, Sala Superior de San Juan, radicado el 17 de julio de 2013.

Tendrá alguna probabilidad de prevalecer en los tribunales de la colonia, no lo creo, la Justicia Roja no va a permitirlo, pero ahí está para el récord, se tiene que resolver en base a derecho y no por capricho de ellos. ¡Echen pa'lante! ya no tenemos miedo, la Constitución de los Estados Unidos nos cobija y cada vez estamos más cerca de alcanzar la Estadidad, ya nos pusimos deacuerdo.

"PATRIOTISM 101"

PAINTING AND PHOTO BY MARILOU RIVERA-RAMOS

Celebremos Nuestra Ciudadanía Americana

marzo

2

Puerto Rico
statehood
NOW!

Exijamos la Igualdad

Resultados claros: ¡Ganó el NO 54% - ESTADIDAD 61.13%!

"Puerto Ricans have borne the responsibilities of U.S. citizenship with honor and courage for more than 64 years. They have fought beside us for decades and have worked beside us for generations. Puerto Rico is playing an important role in the development of the Caribbean Basin Initiative, and its strong tradition of democracy provides leadership and stability in that region. In statehood, the language and culture of the island—rich in history and tradition-would be respected, for in the United States the cultures of the world live together with pride."

Ronald Reagan
President of the United States (1981-1989)
Statement Reaffirming Support of Statehood for Puerto Rico
January 12, 1982

2012 Plebiscite Results: Statehood: 824,195
Independence: 74,812 / ELA Sovereign: 449,679
In favor of colony: 816,978 / Against Colony: 958,915

RESPECT OUR VOTE!

"Los Estados Unidos, desde el 1776, ha participado en más de 10 conflictos bélicos.

En Puerto Rico, según los números más recientes, ha habido 145 mil veteranos de todas las ramas armadas. De éstos, más de 5,800 han perdido sus vidas desde que la Isla participa en conflictos bélicos. El más reciente, la semana pasada.

Ciento once han perdido la batalla en la guerra contra el terrorismo que se desata en el Medio Oriente, hubo más de 200 muertos a raíz de la Guerra de Corea, sin contar otros que emigraron a los Estados Unidos y que no fueron identificados como puertorriqueños, mientras que hay otros que nacieron fuera, pero se identificaron como puertorriqueños".

Oficial Orengo, Portavoz
Guardia Nacional de Puerto Rico
Actividad Recordación a los Veteranos
Cementerio Nacional, Bayamón, Puerto Rico
Mayo 30, 2011 El Vocero

Seré estadista toda mi vida, por convicción porque estoy
convencida que es la mejor opción para Puerto Rico, una
isla que le falta mucho por crecer y solamente uniéndonos
a los Estados Unidos lo podremos lograr, porque con la
independencia comenzaremos desde cero un camino con
muchas banderas rojas que se cuestionan en la ONU y que
los países de América Latina no contestan, justifican la
falta de libertad y la violación de derechos humanos a los
latinoamericanos en virtud de
"el sueño de Bolívar".

Yo no quiero y no acepto ese sueño
yo quiero el sueño americano.

Estadista...
¡Sal a defender la Estadidad!
¡Exprésate!
No permitas que te arrebaten la democracia,
defiende tu derecho de vivir en libertad
y respalda al único partido
que defiende la Estadidad,
el Partido Nuevo Progresista

Esto también es una revolución.

La razón no grita, la razón convence

Luis A. Ferré

Nació 17 de febrero de 1904
Murió 21 de octubre de 2003
fue un ingeniero, empresario, filántropo, político, músico y patrón de las artes.

Fue el tercer Gobernador de Puerto Rico electo democráticamente de 1969 a 1973 y padre fundador del Partido Nuevo Progresista que aboga por la estadidad de Puerto Rico.

Such is Life!

www.ingramcontent.com/pod-product-compliance
Lightning Source LLC
Chambersburg PA
CBHW070200290526
45789CB00002B/844